**MARIA ANNA FLECKEN**

# Elisa Bonaparte Baciocchi

Herrscherin, Mäzenin und Muse im Zeitalter Napoleons

Bibliografische Information der Deutschen Nationalbibliothek:

Die Deutsche Nationalbibliothek verzeichnet diese Publikation in der Deutschen Nationalbibliothek; detaillierte bibliografische Daten sind im Internet über http://dnb.d-nb.de abrufbar.

Umschlagabbildung:

Pietro Benvenuti, Elisa unter den Künstlern von Florenz (Detail), 1813, Versailles, Musée national du Château de Versailles

© 2018 Maria Anna Flecken

Alle Rechte vorbehalten

Herstellung und Verlag

BoD-Books on Demand, Norderstedt

ISBN: 978-3-7460-6069-9

## Inhaltsverzeichnis

| | |
|---|---|
| 1. Biographie Elisa Bonaparte Baciocchi | S. 5 |
| 2. Elisa unter den Künstlern von Florenz von Pietro Benvenuti von 1813 | S. 9 |
| 3. Bildfindung | S. 14 |
| 4. Vorbilder in der Kunstgeschichte | S. 17 |
| 5. Antonio Canovas Polyhymnia: ein Auftragswerk von Elisa Bonaparte Baciocchi | S. 27 |
| 6. Elisa Bonaparte Baciocchi und die Marmorbrüche von Carrara | S. 36 |
| 7. Anmerkungen | S. 47 |
| 8. Literatur | S. 52 |
| 9. Abbilddungsnachweis | S. 54 |

4

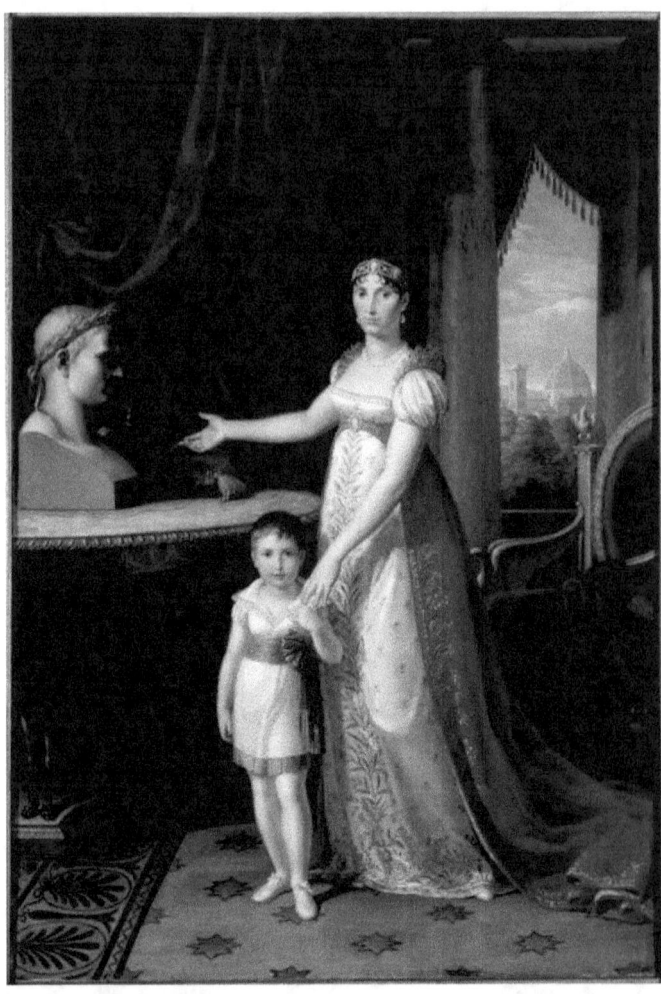

Abb. 1 Pietro Benvenuti, Elisa Bonaparte, Großherzogin von Toskana mit Tochter Napoleone-Elisa, 1809, Öl/Lw, Fontainebleau, Musée National du Château Fontainebleau (Foto: Archiv der Autorin)

# 1. Biographie Elisa Bonaparte Baciocchi

Maria-Anna Elisa Bonaparte (Abb. 1), Napoleons (Ajaccio 1769 – St. Helena 1821) älteste Schwester, wurde am 3. Januar 1777 in Ajaccio auf Korsika geboren. Im Mai 1797, im Alter von 20 Jahren, heiratete sie den korsischen Offizier Felix-Paschal Baciocchi (Ajaccio 1762 – Bologna 1841).[1]

Elisa hatte zuvor eine gute Schulausbildung genossen. Sie war auf dem bekannten Mädcheninternat St. Cyr, das von Madame Maintenon (Niort 1635 – Saint-Cyr-l'Ecole 1719) begründet worden war. Hier wurde mit großer Wahrscheinlichkeit schon früh der Grundstein für ihre besondere Vorliebe für kulturelle Interessen – speziell zur Literatur – gelegt. In den Jahren, in denen sie später in Paris lebte, pflegte sie vor allem Kontakt zu Literaten und Intellektuellen. In ihrem Salon verkehrten viele Dichter und Kritiker der damaligen Epoche. Schriftstellergrößen wie beispielsweise François-René de Chateaubriand (Saint-Malo 1768 – Paris 1848) suchten ihre Bekanntschaft. Jean-François de Laharpe (Paris 1739 – Paris 1803) und Jean-Pierre-Louis de Fontanes (Niort 1757 – Paris 1821) waren ständige Gäste in ihrem Haus. Letzterer wurde ihr Liebhaber, was dazu führte, dass ihr Gatte mehr und mehr eine untergeordnete Rolle in ihrer Ehe zu spielen begann.[2]

Nach der Proklamierung des französischen Kaiserreiches 1804 wurde sie von Napoleon zur „kaiserlichen Hoheit", Prinzessin Elisa, ernannt. 1805 machte er seine älteste Schwester zur Fürstin von Lucca und Piombino (Erbfürstin von Piombino).[3] In dieser Zeit änderte sie den Namen Marianna, unter dem sie bis dato bekannt war, in Elisa um – sie verwendete ihren zweiten Taufnamen – und unter diesem Namen ging sie schließlich die Geschichte ein. Im Juli 1805 wurden Elisa und Felix Baciocchi in Lucca gekrönt. Es war der erste und letzte Akt in ihrem Leben als Souveränin, zu dem Elisa ihren Ehemann gleichberechtigt an ihrer Seite duldete. Schon wenig später degradierte sie ihn, und machte ihn zu einem ihrer Domestiken.[4]

Sie regierte ihr Fürstentum nicht ohne Erfolg. Sie tat viel zur Weiterentwicklung der Ressourcen ihres Landes und prägte das Ansehen mit zahlreichen öffentlichen Aufträgen. So ließ sie beispielsweise die wichtige Straße, welche von Lucca zu den Bädern führt und den Damm, der die Überschwemmungen des Serchio verhindert, bauen. Viele ihrer Maßnahmen sind auch heute noch in Italien mit ihrem Namen verbunden. Allerdings ging sie auch aufgrund rücksichtsloser Taten in die Geschichte ein: so veranlasste sie beispielsweise, die Kathedrale von Massa Ducale zu demolieren, weil diese zu nah bei ihrem Sommerpalast stand; aus ähnlichen Motiven heraus, ließ sie auch die Kathedrale der Madonna von Lucca zerstören. Die Prinzessin regte aber durchaus auch die Künste an und beschützte die Künstler, welche sich unter ihr Protektorat begaben. Sie vergütete die Dichter, die ihre Person in Lobliedern priesen; den ihr verliehenen Titel der „Semiramis von Lucca" begriff sie als Ehrenbezeichnung bezüglich ihrer Person.[5]

Bereits ab Januar 1805 wirkte Niccolò Paganini (Genua 1782 – Nizza 1840) als Konzertmeister im Orchester der Republik Lucca. Nachdem Elisa Herrscherin von Lucca geworden war, wurde er im September 1805 ihr Kammervirtuose und Operndirektor. Bis 1809 währte diese einzige feste Anstellung in Paganinis Leben. In dieser Zeit entstanden zahlreiche Werke für Violine und Orchester sowie für Violine und Gitarre.[6]

Elisas Herrschaft war militärisch-diktatorisch nach dem Vorbild ihres Bruders Napoleon in Frankreich ausgerichtet. Von 1805 bis 1809 profitierte sie in vollem Umfang von der politischen Autonomie, die sie dank Bonaparte genoss.[7]

1808 erkannte der Kaiser ihr das Großherzogtum Toskana zu. Ihre anfängliche Freude über die Ausweitung des Herrschaftsgebietes, wich immer mehr einer Enttäuschung, da Napoleon und seine Präfekte ihr nur wenig autonome Macht zugestanden. Aus der Korrespondenz in ihrer Regierungszeit mit dem französischen Außenminister Charles-Maurice de Talleyrand-Périgord (Paris 1754 – Paris 1838) geht hervor, wie eifersüchtig sie auf französische Eingriffe und Störungen in ihrer Politik reagierte, und wie sie immer wieder versuchte, Napoleon zugunsten ihrer politischen Belange und den Interessen der Toskana für sich einzunehmen. Ihr Biograph Paul Fleuriot de Langle schrieb zu Recht, dass sie regierte ohne zu regieren.[8] Dieser enge Rahmen führte dazu, dass sie sich mit Leidenschaft anderen – vor allem kulturellen Aufgabenfeldern widmete. Das betraf vor allem die bildende Kunst, indem sie viele öffentliche Aufträge vergab und die Künstler ermutigte, für sie zu arbeiten. Sie versuchte der Stadt Florenz in ihrer Regierungszeit ein würdiges, künstlerisches Dasein zu geben. Ihre Ambition – ihr Traum – bestand darin, dass unter ihrer Herrschaft ein weiteres glorreiches Zeitalter, was die Geschichte der Kunst der Stadt betraf, eingeleitet werden sollte.[9] Dahinter war durchaus auch der Eigennutz zu sehen, dass sie sich in einer herrschaftlich-künstlerischen „Erblinie" (Bordes) mit den vormaligen Herrschern der Toskana, allen voran den Medici, zu stellen gedachte.[10] Und so stiftete sie literarische und musikalische Preise, präsidierte gelehrten Gesellschaften und Bildungsstätten und „erlaubte sogar freundlicherweise Felix, nach dem Vorbild der Académie Française eine Académie Napoléon zu errichten"[11]. Die Zahl der von ihr ins Leben gerufenen kulturellen Einrichtungen war beträchtlich: Sie begründete zwei große Bibliotheken sowie eine medizinische Akademie, etablierte an der Universität Lehrstühle für französisches Recht und französische Geschichte, stiftete Gemeindeschulen für Jungen und Mädchen und gründete das „Institut Elisa" für die Erziehung von Töchtern aus guter Familie[12] und richtete Asyle für Waisen ein. Sie ließ Festungen zur Sicherung des Landes bauen, förderte die Landwirtschaft, indem sie Preise für erfolgreiche Bearbeitung des Landes stiftete und regte eine Verbesserung der Zucht von Haustieren an.[13] Überdies galt sie als große Liebhaberin des Theaters. Wie ihr Bruder Napoleon, so besaß auch Elisa eine ganz besondere Leidenschaft für die Tragödie und spielte in Tragödien wie beispielsweise „Alzire" von Voltaire (Paris 1694 – Paris 1778) die Hauptrolle.[14] Dennoch – keine dieser Aktivitäten konnte darüber hinweg täuschen, dass ihre Herrschaft eine Militärdiktatur war, in der sie ihre Favoriten förderte und Personen ihrer Abneigung ausschaltete.

Nach dem Sturz Napoleons begann sie, wie auch andere Mitglieder der Familie Bonaparte, ein Leben im Exil und des Umherirrens. Die Österreicher erlaubten ihr nicht in Bologna ansässig zu werden und Joachim Murat (Labastide-Fortuniere 1767 – Pizzo 1815), der Mann ihrer Schwester Caroline (Ajaccio 1782 – Florenz 1839), wollte sie nicht in Neapel empfangen.[15] Schließlich wurde sie von den Österreichern gefangen und nach Brünn gebracht.[16] Auf ihre Bitten und Eingaben an die österreichische Regierung, durfte sie sich 1816 in der näheren Umgebung von Triest, die unter österreichischem Protektorat stand, unter dem Namen Comtesse Compignano niederlassen.[17] Sie starb dort in Villa Vicentina (Villa Ciardi) am 7. August 1820.[18]

## 2. Elisa unter den Künstlern von Florenz von Pietro Benvenuti von 1813

Das Musée national des château de Versailles et de Trianon bewahrt ein großes Ölgemälde (325 cm x 485 cm) von Pietro Benvenuti (Arezzo 1769 – Florenz 1844) aus dem Jahre 1813 (Abb. 2) auf, auf welchem insgesamt 26 nahezu lebensgroße Personen einschließlich des Schöpfers des Bildes und der Schwester Napoleons, Elisa Bonaparte Baciocchi, Großherzogin von Toskana zu sehen sind. Das Bild ist signiert und datiert im unteren Bildbereich mit „Pietro Benvenuti fece in Firenze 1813".[19] Elisa ist als Beschützerin der Künste inmitten ihres Hofstaates dargestellt. Mit Fensterblick auf die Kuppel des Domes Santa Maria del Fiore und dem Turm des Palazzo Vecchio im Hintergrund rechts[20], findet eine Zusammenkunft in einem Saal des Palazzo Pitti statt[21], Elisas Residenz in der Hauptstadt der Toskana. Ihr zur Rechten steht Senator Giovanni degli Alessandri (1765 – 1830), ihr Großkämmerer und Präsident der Accademia delle Belle Arti von Florenz.[22] Auf der linken Seite steht ihre Tochter Napoleone-Elisa[23], Prinzessin Baciocchi, spätere Gräfin Camerata (Lucca 1806 – Colpo 1869), während ihr Ehemann Felix, in der Tracht eines Divisionsgenerals[24], im Gespräch mit Antonio Canova (Possagno 1757 – Venedig 1822), dem Schöpfer der Büste der Großherzogin vertieft ist. Elisa wird von mehreren Hofdamen begleitet, deren Identifaktion hier nun nach Paul Marmottan in seiner Publikation „Les arts en toscane sous Napoléon: La princesse Élisa" aus dem Jahre 1904 vorgenommen werden soll. Beginnend außen links mit der Marquise Charlotte Lucchesini (1759 – 1883), ihr folgt die Baroness Torrigiani und schließlich die Gräfinnen Mozzi, Dragomanni und Corsini.[25] Die Reihenfolge ist wohl der Hofetikette geschuldet. Hinter Napoleone-

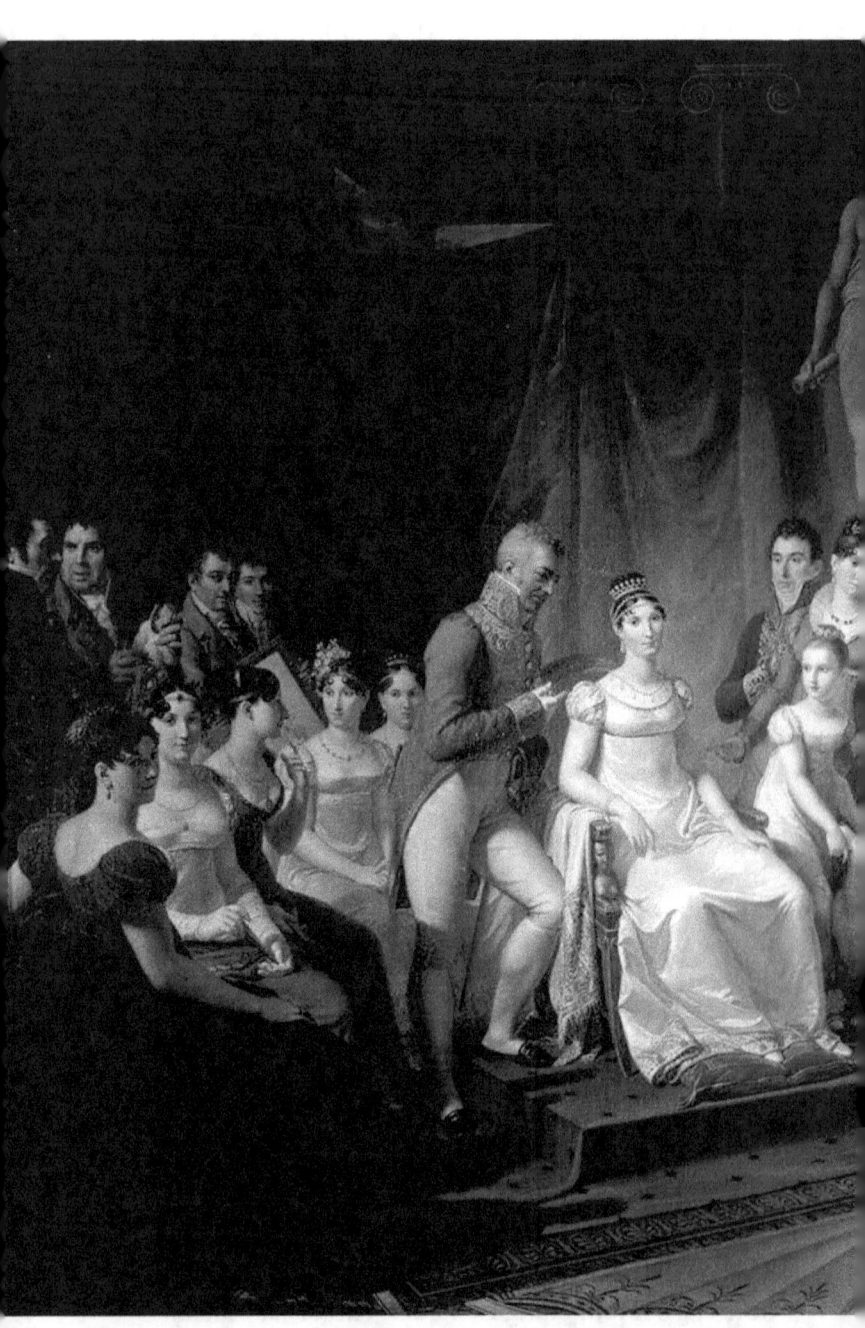

Abb. 2 Pietro Benvenuti, Elisa unter den Künstlern von Florenz, 1813, Öl/

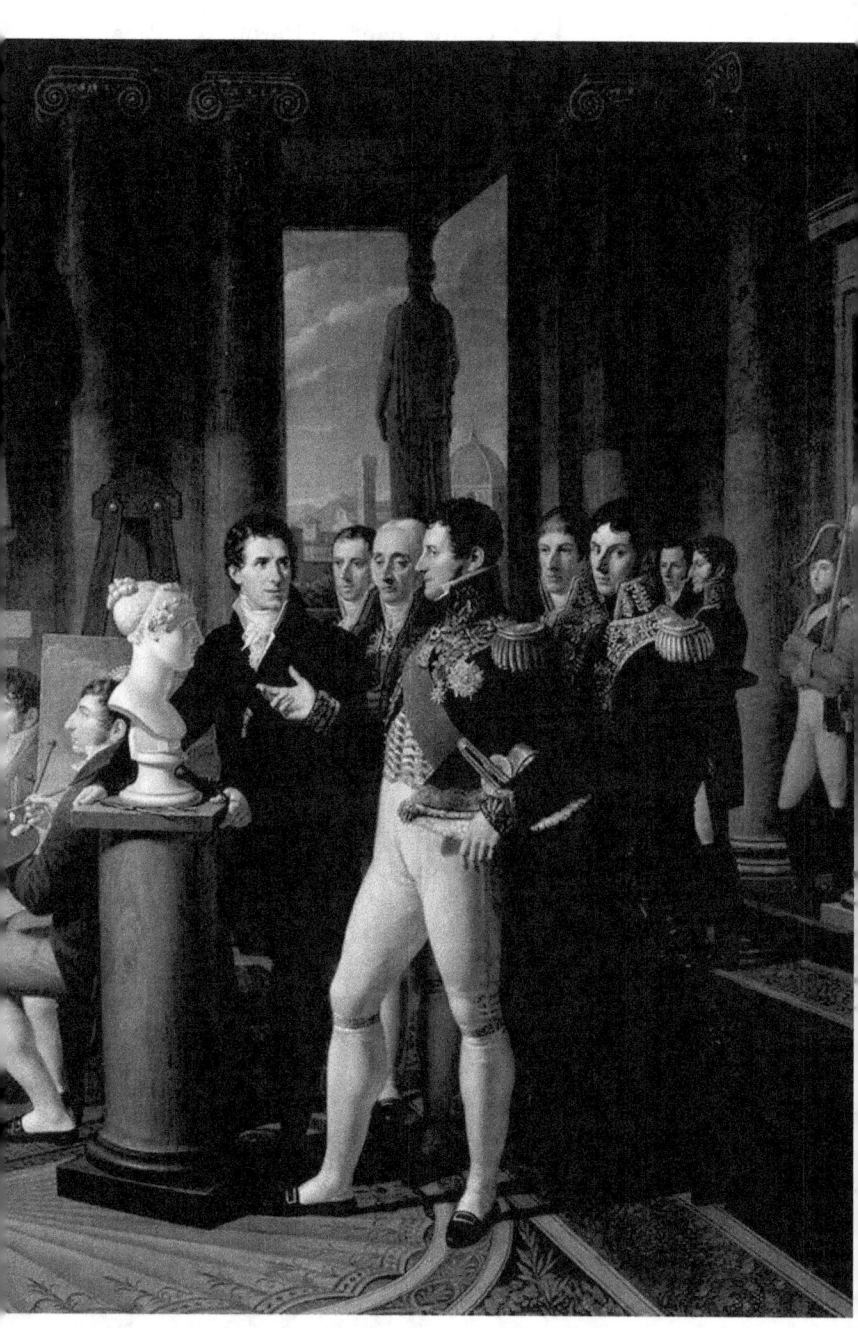

Musée national du Château de Versailles (Foto: RMN— Grand Palais)

Elisa ist ihre Gouvernante, Baroness Ricardi (Leiterin des Institut Elisa)[26] zu sehen und Madame Rossi geb. d'Hautmesnil (Vorleserin).[27] Einige der Herren können als Würdenträger des Regimes identifiziert werden, zweifellos sind jedoch die Künstler in der Überzahl. Links außen steht möglicherweise Tommaso Puccini (1749 – 1811), Elisas Kämmerer und Direkter der Galerien von Florenz[28], neben ihm stehend, der Bildhauer Antonio Santarelli (1758 – Florenz 1926). Dieser präsentiert ein von ihm ausgeführtes Medaillon von Elisa.[29] In kurzer Entfernung von Santarelli steht der Kupferstecher Raphael Morghen (Neapel 1758 – Florenz 1833). Er kann identifiziert werden anhand des Kupferstiches, den er unter seinem Arm trägt, denn darauf sind Details aus Jacques-Louis Davids (Paris 1748 – Brüssel 1825) „Bonaparte, den Mont Saint-Bernard überquerend" zu erkennen. Er wird begleitet von seinem Kollegen, dem Kupferstecher Carlo Lasinio[30] (Treviso 1759 – Pisa 1838), während in der Mitte des Bildes die beiden Maler François-Xavier Fabre (Montpellier 1766 – Montpellier 1837) und Pietro Benvenuti zu sehen sind. Letzterer fertigte das Werk für Elisa an. Fabre ist sitzend vor seiner Staffelei – ein Porträt der Großherzogin anfertigend – dargestellt, während Benvenuti auf einem Portofolio, wahrscheinlich ebenfalls Elisas Porträt in Kohle – zeichnet.[31] Das Gemälde Benvenutis stellt deutlich klar: Alle hier dargestellten Künstler sind bestrebt, die Züge ihrer Souveränin festzuhalten. Sie tragen damit zur Verherrlichung der Person der Großherzogin von Toskana bei. Elisa stellt ihrerseits klar, dass alle Künstler von ihrer Protektion/Auftragsvergabe/ Gnade abhängig sind.[32] Sie alle waren Mitglieder der renommierten Societè del Disegno der Accademia Fiorentina, welcher Elisa vorstand.

Im Zentrum des Bildes ist auf einem hohen Sockel eine überlebensgroße Marmorstatue, welche Bonaparte als römischen Gesetzgeber zeigt, zu sehen. Die

Figur Napoleons stellt klar, wer hier der eigentliche Souverän – auch in Bezug auf die Person Elisas – ist. Sie ist Herrscherin von seinen Gnaden.[33] Er ist sprichwörtlich die „graue Eminenz" im Hintergrund, die alle politischen Fäden in den Händen hält. Napoleon in Marmor verewigt, gehört damit aber bereits auch einer anderen Darstellungsebene/ Dimension (Ewigkeit – Apotheose) an, als die Sterblichen, die zu seinen Füßen dargestellt sind. Die Statue geht auf ein Werk des französischen Bildhauers Antoine-Denis Chaudet (Paris 1763 – Paris 1810) zurück. Das Marmororiginal befindet sich in der Eremitage in St. Petersburg. Wir sehen eine Kopie (Abb. 3) nach dem Original von Chaudet (1804), die im Musée national du Château de Compiègne aufbewahrt wird.

Elisa eiferte ihrem Bruder nach, indem sie sich von den für sie arbeitenden Künstlern „verewigen" lies. Sie umgab sich wie Napoleon mit Kunstwerken, um auf diese Weise ihren Herrschaftsanspruch zu manifestieren. Benvenuti betont in seinem Gemälde deutlich Herrschertugenden wie Befehlsgewalt, Mäzenatentum, aber auch das Streben nach Harmonie.[34]

Die von Canova ausgeführte Büste stellt zudem eine logisch-geistige Verbindung zwischen der Großherzogin einerseits und der marmornen Gegenwart Bonapartes andererseits dar. Die Büste triumphiert bereits über die Realität. Elisa beschreibt mit dem von Canova geschaffenen Werk den Weg in die Sphäre einer anderen Existenz und begibt sich damit auf den Pfad, den ihr Bruder mit der Statue „Bonaparte als römischer Gesetzgeber" längst beschritten hat.

Hervorgehoben durch die Holzsäule auf der sie steht, spielt die Büste eine entscheidende Rolle zwischen den beiden Hauptgruppen der Komposition und kann als Grund für die Zusammenkunft gelten. Das dargestellte Treffen ist jedoch ebenso offiziell

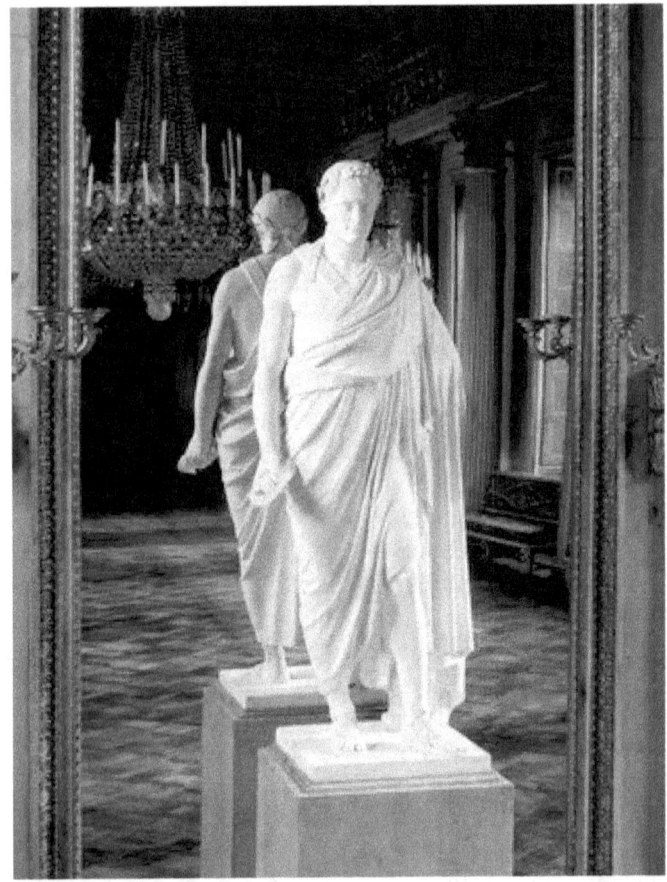

Abb. 3 Antoine-Denis Chaudet, Napoleon als römischer Gesetzgeber, 1804, Marmor, Compiégne, Musée national du Château de Compiégne (Foto: Archiv der Autorin)

wie fiktiv. Das Bild erinnert nicht an ein bestimmtes Ereignis, es ist tatsächlich ein Konstrukt des Malers.

## 3. Bildfindung

Das Gemälde Benvenutis „Elisa unter den Künstlern von Florenz" erinnert an die Ausführung der Büste

Elisas durch Antonio Canova, die der Bildhauer wohl im April-Mai 1812 vollendet hatte. In Florenz herrschte zu diesem Zeitpunkt eine große Begeisterung für den Bildhauer, der dort soeben seine „Venus Italica" mit großem Erfolg präsentiert hatte. Sicherlich liegt der Ideenfindung auch die Ehrerbietung, die Canova in Florenz entgegengebracht wurde, zugrunde.[35]
Die Idee jedoch, die zur Realisierung des Werkes führte, geht wahrscheinlich nicht auf Elisa Baciocchi zurück, sondern auf Senator Giovanni degli Alessandri[36], der sich im Bild fast vertraulicherklärend der Großherzogin zuneigt (Abb. 4). Und sie scheint tatsächlich aufmerksam seinen Ausführungen zu zuhören.
Degli Alessandri war ein Freund Antonio Canovas. Wenn der Bildhauer in Florenz weilte, logierte er bei ihm. So auch am 7. September 1810, als Canova die Aufstellung des Grabmals des Alfieri in der Kirche Santa Croce in Florenz beaufsichtigte. Zu diesem Zeitpunkt empfing der Bildhauer dort drei Abgesandte der Accademia di San Lucca aus Rom. Namentlich waren es die Künstler: Jean-Baptiste Wicar (Lille 1762 – Rom 1834), Carlo Finelli (Carrara 1782 – Rom 1853) und Sterni, die Canova den Titel des Leiters oder des (General-)Direktors („Prince") der römischen Akademie antrugen. Giovanni degli Alessandri war Zeuge dieses Treffens, welches die Vormachtstellung des Bildhauers unter seinesgleichen betrieb. Er soll daraufhin Pietro Benvenuti beauftragt haben, dieses Ereignis auf Leinwand festzuhalten. Allerdings wurde das Unterfangen nicht ausgeführt, es ist aber durchaus möglich, dass der Keim dieser Idee degli Alessandris in „Elisa unter den Künstlern von Florenz", seinen Fortgang fand.
Dass degli Alessandri sich an Benvenuti wendete, um eine bildliche Hommage an Canova zu realisieren, ist insofern verständlich, denn zwischen Cano-

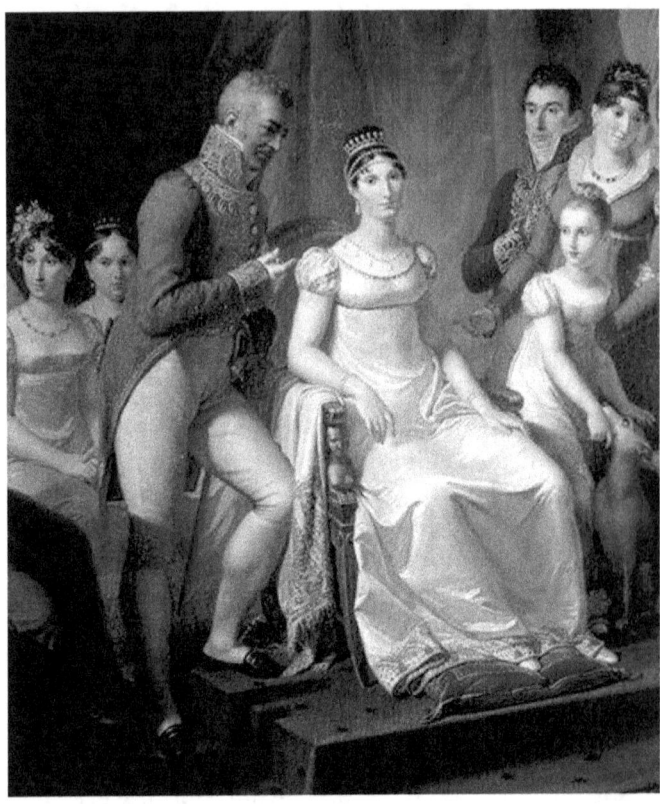

Abb. 4 Pietro Benvenuti, Elisa unter den Künstlern von Florenz (Detail), 1813, Öl/Lw, Versailles, Musée national du Château de Versailles (Foto: RMN — Grand Palais)

va und dem Maler bestanden seit dem römischen Aufenthalt Benvenutis in den Jahren 1792 bis 1803 ebenfalls freundschaftliche Beziehungen. 1803, nach dem Tod des damaligen Direktors der Akademie von Florenz, vertraute die Königin von Etrurien, Maria Louisa von Spanien (Madrid 1782 – Rom 1824), degli Alessandri diese Position an, und Benvenuti wurde zu diesem Zeitpunkt als Professor für Malerei an die Accademia berufen.[37] Es ist zu vermuten, dass degli Alessandri, Elisa, die Idee für ein solches Bildthema, sich gemeinsam mit den namhaftesten Künstlern von Florenz – vor allem aber die Anwesenheit Canovas in Florenz, dem bedeutendsten Bildhauer der Epoche – darstellen zu lassen, „eingegeben" hatte.

Der Fürstin scheint tatsächlich viel an dem Gemälde Benvenutis gelegen zu sein, denn nach dem Sturz Napoleons zahlte sie ihrem Nachfolger auf dem Thron des Großherzogtums Toskana, Ferdinand III. (Florenz 1769 – Florenz 1824), 1000 Zecchinen (12.000 Francs), um es wieder in ihren Besitz zu bringen.[38]

## 4. Vorbilder in der Kunstgeschichte

Die von Pietro Benvenuti gemalte Szene ist nicht einfach nur das Porträt eines Hofstaates. Es ist eine deutliche Ehrenbezeugung an die Künstler von Florenz und an ihre Schutzherrin, die sie protegiert. Die Entstehung des Gemäldes ist sicherlich auch abhängig vom Kult, der um Canova in Florenz betrieben wurde. Die Stadt Florenz, die voll war von künstlerischen und monumentalen Reichtümern und die zutiefst geprägt war von den Leidenschaften ihrer Herrscher für die Kunst, versuchte nun über den bekannten und allseits geschätzten Bildhauer anzuknüpfen an die sowohl im wirtschaftlichen als auch im künstlerischen Sinne erfolgreiche Epoche der Medici. Dieses Ansinnen entsprach in hohem Maße dem Willen Elisas, die durch die Förderung der Kunst in Florenz, der Stadt im künstlerischen Sinne zu neuer Größe verhelfen wollte, um dadurch ihrerseits in den Reihen der Herrschermäzene der Toskana Aufnahme zu finden.[39]

Den Thron der Medici zu beerben, bedeutete Verpflichtung an die Künste. Unter der Führung der Medici entwickelte sich Florenz rasch zu einem Zentrum der Kunst und Wissenschaft.[40] Vor allem unter der Herrschaft von Lorenzo de' Medici (Florenz 1464 – Villa Medici von Careggi 1492) erreichte die Stadt ihre wirtschaftliche und kulturelle Blüte.[41] Der Fensterblick mit der Kuppel des Domes von Filippo Brunelleschi (Florenz 1377 – Florenz 1446) im Bild von Benvenuti ist ein deutlicher Verweis auf diese Epoche, ebenso wie die Karyatide, welche den Karyatiden des Ereichteions in Athen nachempfunden ist, denn „in den rund zwanzig Jahren, die (unter der Herrschaft Lorenzo de' Medicis d.V.) folgten, war Florenz das Athen Italiens"[42].

Noch Elisa Baciocchis Vorgänger, Großherzog Leopold I. (Wien 1747 – Wien 1792) und auch Maria Louisa von Etrurien unterstützten und erweiterten dieses kulturelle „Erbgut". Elisa führte diese Tradition fort, indem sie Künstler und Kunsthandwerker dazu ermutigte, für sie in der neuen, modernen napoleonischen Kunstauffassung tätig zu werden. Ihre Protektion, ihr Mäzenatentum, ihre offiziellen Aufträge trugen dazu bei, diesen neuen imperialistischen Stil zu verbreiten. Durch die Macht der Künste wurde gleichzeitig ihre Machtauffassung – oder besser gesagt: Napoleons Machtauffassung – für jeden sichtbar transportiert. Elisa besaß letztendlich keine eigene künstlerische Kultur. Sie war in der Ästhetik ihrer Zeit gefangen, die von Archäologen, Künstlern, Historikern, Theoretikern und Kritikern der Epoche als höchste Vollendung der Kunst angesehen wurde – die Rückbesinnung zu den Quellen der antiken Kunst und Kultur. Und so umgab sie sich mit Statuen und Bildern im kaiserlichen Stil, um auf diese Weise ihre eigene Herrschaft zu legitimieren und zu manifestieren.[43]

In Elisas einstiger Residenz, im Palazzo Pitti (Museo Argenti, Sala di Giovanni da San Giovanni) in Florenz befindet sich auch heute noch ein Fresko von Ottavio Vannini mit dem Titel „Lorenzo der Prächtige mit den zu seiner Zeit berühmtesten Künstlern" („Michelangelo präsentiert Lorenzo de'

Medici seine Faunsbüste") aus dem Jahre 1635 (Abb. 5). Lorenzo de' Medici ist inmitten der für ihn arbeitenden Künstler dargestellt. Namentlich handelt es sich u.a. um Andrea del Verrocchio (Florenz 1435 oder 1436 – Venedig 1488), Bertoldo di Giovanni (Florenz zwischen 1435 und 1440 – Poggio a Caiano in der Villa Medici 1491), Lucca Fancelli (Settignano um 1430 – nach 1494), Michelozzo di Bartolomeo (Florenz 1396 – Florenz 1472) und Michelangelo Buonarotti (Caprese 1475 – Rom 1564). Letzterer präsentiert in Anwesenheit Lorenzo de' Medicis die Büste seines Fauns, welche von ihm 1489 geschaffen (verloren) wurde. Das Fresko erinnert an die Gunstbezeugung Lorenzo de' Medicis gegenüber dem erst vierzehn Jahre alten Michelangelo, den er ab 1489 als Künstler förderte.[44]

Lorenzo de' Medici ist mit bedeutenden Künstlern seiner Zeit dargestellt, Elisa Bonaparte umgibt sich mit ihrem Hofstaat einschließlich ihrer Künstler. Benvenuti komponierte das monumentale Gemälde im Einklang (Zeitgeist) mit den Kunstwerken der napoleonischen Kaiserzeit. In diesem Sinne stellt es durchaus ein Erinnerungswerk an offizielle Zeremonien der Epoche dar, obwohl davon auszugehen ist, dass es sich bei dieser Zusammenkunft, um eine fiktive handelt. Elisa umgibt sich mit ihrer Familie, ihren Würdenträgern, ihren Hofdamen und ihren Künstlern und stellt damit unmissverständlich klar, dass sie diejenige ist, die über alle herrscht – *la magnanima* Elisa (Bordes).[45]

Diese Darstellungsweise besitzt in Frankreich keine Tradition. In ihren offiziellen Porträts gruppierten die französischen Könige ihre Familie – manchmal auch ihre Günstlinge – um sich. Sie zeigen sich jedoch nie gemeinsam mit ihren Künstlern.[46] Auch Napoleon, dem Elisa nacheiferte, ließ sich nicht mit den für ihn arbeitenden Künstlern darstellen. Die auf Antoine-Jean Gros (Paris 1771 – Meudon 1835)

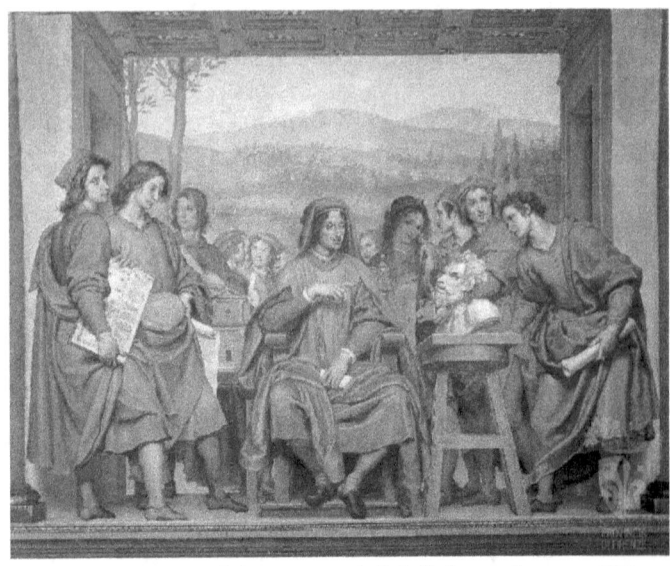

Abb. 5 Ottavio Vannini, Lorenzo de'Medici umgeben von Künstlern, Michelangelos „Faun" bewundernd, 1635, Fresko, Florenz, Palazzo Pitti, Museo degli Argenti (Foto: Archiv der Autorin)

zurückzuführende Skizze „Die Verleihung des Ordens der Ehrenlegion an die Künstler im Salon von 1808" (Abb. 6), in welcher Bonaparte gemeinsam mit vielen bekannten Künstlern der kaiserlichen Epoche zu sehen ist, ging auf eine Initiative französischer Künstler und nicht auf Napoleon zurück.[47] Gros stellt hier den feierlichen Augenblick dar, in welchem der Kaiser Jacques-Louis David, den größten Maler der Revolution und des Kaiserreiches, den Orden der Ehrenlegion in Gold verleiht. In der Gruppe der Frauen sind die Kaiserin Joséphine (Trios-Îlets, Martinique 1763 – Rueil-Malmaison 1814) und Hortense de Beauharnais (Paris 17883 – Arenenberg 1837) deutlich zu erkennen. Im Zentrum der Komposition steht Bonaparte, mit grünem Obergewand bekleidet. Hinter David und von links nach rechts erkennt man die Künstler Pierre Paul Prud'hon (Cluny 1758 – Paris 1823), Carle Vernet (Bordeaux 1758 – Paris 1836), Pierre Cartellier (Paris 1757 –

Paris 1831), Gros, Anne Louis Girodet-Trioson (Montargis 1767 – Paris 1824) und in zweiter Reihe, François-Pascal-Simon Gérard (Rom 1770 – Paris 1837) und Pierre-Narcisse Guérin (Paris 1774 – Rom 1835). Gérard Christophe Michel Duroc (Pont-á- Mousson 1772 – Markersdorf bei Görlitz 1813) ist zur Rechten des Kaisers dargestellt, er trägt die Schatulle, welche die zu verteilenden Orden enthält. Ebenfalls zur Rechten des Kaisers ist Dominique Vivant Denon (Givry bei Chalon-sur-Saône 1747 – Paris 1825) zu sehen. Gros führte dieses Werk nicht vollständig aus, „aus Furcht vor den zahlreichen Eifersüchteleien im Umfeld der Welt der Künste" (Bordes).[48] Weiterhin schrieb Bordes: „Das Spiel um Reputation und Einfluss, dass Benvenuti betrieb, war ein Kinderspiel gegenüber den Pariser Intrigen.[49]" Das Aufeinandertreffen von Künstlern galt als ein zu unbedeutendes Ereignis, um bildlich festgehalten zu werden. Für fürstliche oder klerikale Auftraggeber war ein solches Bildthema uninteressant. „Anstand, Individualismus und besonders der Rivalitätsgeist" unter den Künstlern waren „Hindernisse" solche Unterfangen überhaupt anzugehen.[50]

Und dennoch ist bereits im Œuvre des französischen Malers Louis-Léopold Boilly (La Bassée bei Lille – Paris 1845) eine mondäne „Zusammenkunft von Künstlern im Studio von Isabey" (Abb. 7) aus dem Jahre 1798 zu finden.[51] Das Gemälde befindet sich heute im Musée du Louvre in Paris. Charakter, Ausdruck und vor allem Intention unterscheiden sich deutlich von Benvenutis Werk. Der Aspekt des Herrschers als Mäzen und Protegé des Künstlers spielt bei Boilly keinerlei Rolle. Dennoch könnte dieses Werk Boillys im formalen Sinne durchaus Vorbildfunktion für Benvenutis Gemälde gehabt haben.

Ein weiteres Gemälde Boillys von 1803/4 zeigt Jean-Antoine Houdon (Versailles 1741 – Paris

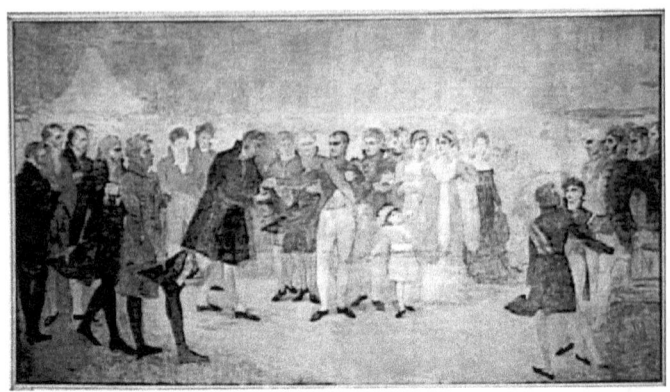

Abb. 6 Antoine-Jean Gros, Napoleon besucht den Salon des Louvre und verleiht das Kreuz der Ehrenlegion an die Künstler am 22. Oktober 1808, ca. 1808, Öl/Lw, Versailles, Musèe national des Château de Versailles et Trianon (Foto: Archiv der Autorin)

1828) in seinem Atelier mit einem männlichen Modell, das für ihn posiert, während der Bildhauer den im Endstadium begriffenen Bozzetto bearbeitet (Abb. 8).[52] Es befindet sich in der Collection Musée d'Art Thomas Henry in Cherbourg. Auch dieses Gemälde besitzt nicht den offiziellen oder höfischen Charakter, welcher dem Werk Benvenutis „Elisa unter den Künstlern" zu eigen ist. Boilly bringt in seinen Gemälden in hohem Maße seinen Respekt vor dem Berufsstand des Künstlers zum Ausdruck – vor allem aber im letzteren seine Verehrung für Houdon, denn dieses Bild ist in der Tat nicht das einzige, welches er dem angesehenen französischen Bildhauer widmete.

Das Vorbildhafte des offiziellen und höfischen Charakters jedoch, welcher in „Elisa unter den Künstlern von Florenz" eine ganz erhebliche Rolle spielt, muss dagegen in den herrschaftlichen „Ereignisbildern" der napoleonischen Kaiserzeit nachgespürt werden, wie es ein Vergleich des Bildes mit dem Gemälde „Mariage du prince Eugéne de Beauharnais et la princesse Amélie de Bavière á Munich" (Abb. 9) aus dem Jahre 1808 von François

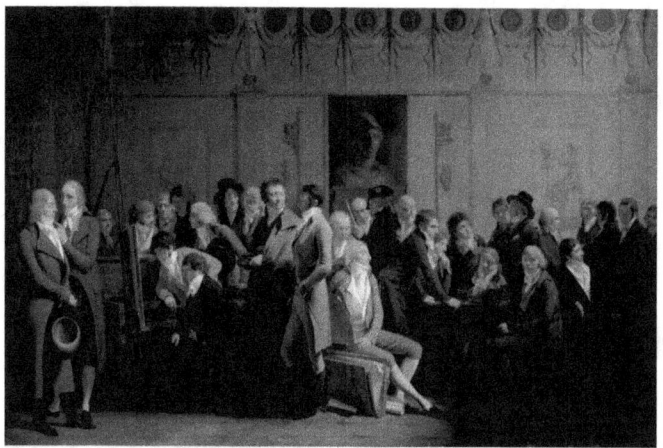

Abb. 7 Louis Léopold Boilly, Zusammenkunft von Künstlern im Atelier von Isabey, 1798, Öl/Lw, Paris, Musée du Louvre (Foto: Encyclopaedia Britannica Online)

Guillaume Menageot (London 1744 – Paris 1816) beispielhaft zeigt. Es befindet sich im Musée national du Château de Versailles.

Ein weiteres Gemälde von Jean-Baptiste Regnault (Paris 1754 – Paris 1829) mit dem Titel „Mariage du prince Jérôme Bonaparte et de la princesse Frédérique Catharine de Wurtemberg" (Abb. 10) aus dem Jahre 1810 kann ebenfalls als Fallbeispiel herangezogen werden. Es befindet sich gleichfalls im Museum von Versailles. Beide Gemälde schildern glanzvolle Ereignisse der Kaiserzeit. Sie umschreiben, wie es oft in napoleonischen Themenkreisen zu beobachten ist, eine für Bonaparte wichtige Problematik. In den vorliegenden Beispielen geht es um Eheschließungen, aber vor allem um diplomatische Beziehungen; durch die von ihm forcierte Verschmelzungspolitik seiner Familie mit den europäischen Fürstenhäusern erhoffte sich Napoleon Stabilisierung der französischen Staatssicherheit.

Vorbildhaft für Benvenuti sind formale Details wie die Darstellungsweise einzelner Figuren und Figurengruppen sowie der höfische Aspekt, der jedoch

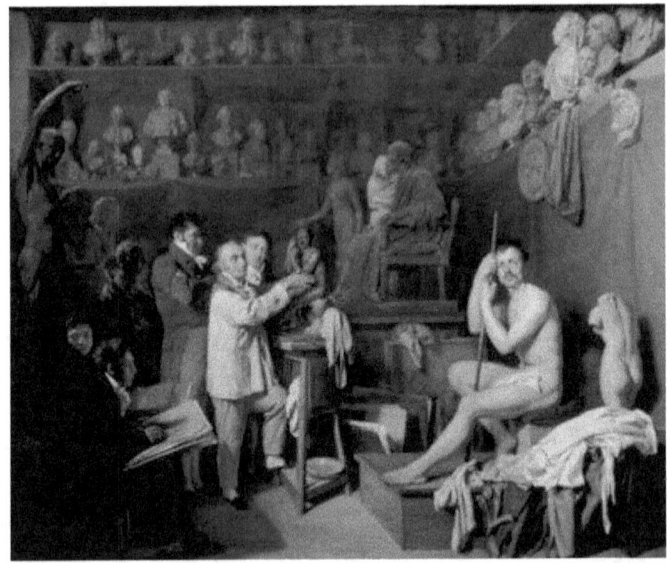

Abb. 8 Louis Léopold Boilly, Houdon in seinem Studio, n. 1803, Öl/Lw, Cherbourg, Collection Musée d'Art Thomas Henry (Foto: Archiv der Autorin)

bei dem toskanischen Künstler deutlich provinzieller ausfällt. Er hat mit seiner „Scène de conversation" tatsächlich ein neues Genre erschaffen, denn für ein solches Sujet sind keine ikonographischen Vorbilder bekannt. „Elisa unter den Künstlern von Florenz" verbindet – wie ich versucht habe aufzuzeigen – gleich mehrere Themen. Es ist eine Hommage an Antonio Canova, den bedeutendsten Bildhauer Europas und an die Künstler von Florenz einerseits. Andererseits stellt es eine Hommage an die Großherzogin von Toskana dar. Sie bringt die Künstler an einem Ort (Thronsaal des Palazzo Pitti) zusammen, wo sie das Oberhaupt – die Herrscherin – ist und stellt auf diese Weise klar, dass alle im Bild vereinten Personen von ihrer Protektion oder Auftragsvergabe – einschließlich Canova – abhängig sind.[53] Sie ist die Auftraggeberin der im Bild vereinten Künstler, und somit ist sie auch die Auftraggeberin

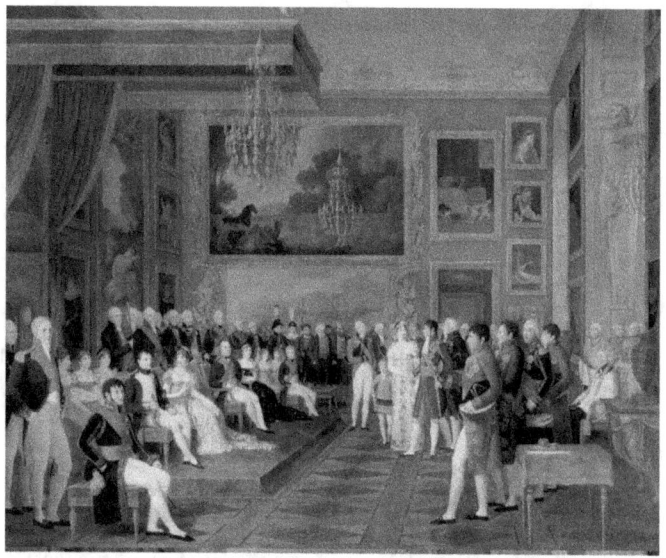

Abb. 9 Francois Guillaume Menageot, Mariage du prince Eugéne de Beauharnais et la princesse Amélie de Bavière á Munich, 1808, Öl/Lw., Versailles, Musée national des Château de Versailles et de Trianon (Foto: RMN — Grand Palais — G. Blot / J. Schormans)

des Marmorbildnisses, welches Canova von ihr geschaffen hat und welches er nun in diesem feierlich-höfischen Rahmen mit Künstlerstolz vorstellt. Die Präsentation der Marmorbüste dient nicht nur der einfachen Vorstellung des Kunstwerks, sondern sie gerät in erster Linie zum Vorwand der Verherrlichung der Person Elisas als Herrscherin, Mäzenin und Muse. Sie gewährt den Künstlern ihre Protektion, will dafür Inspiration und Muse für sie und damit für die gesamte florentinische Kunst sein. Dieses Ansinnen der Großherzogin findet eine gegenständliche Umsetzung, in der von ihr bei Canova in Auftrag gegebenen Muse „Polyhymnia".[54] Und weiterführend: als Erbin der Medici – zu deren Nachfolge Elisa sich bekennt – tritt sie in den Prozess der Wiederherstellung der einstigen Größe Florenz' durch bewusste künstlerische Politik ein.

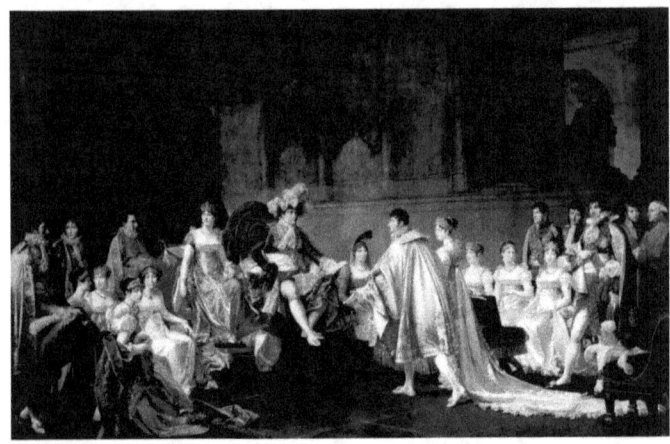

Abb. 10 Jean-Baptiste Regnault, Mariage du prince Jérôme Bonaparte et de la princesse Frédérique Catharine de Wurtemberg, 1810, Öl/Lw., Versailles, Musée national des Château de Versailles et de Trianon (Foto: RMN — Grand Palais — D. Arnaudet)

Letztlich zeigt Benvenutis Gemälde dem Betrachter aber auch eine Harmonie im Bild, welche zur Entstehungszeit des Werkes, in dieser Form nicht mehr bestand. Es ist das Porträt eines Hofes, das von der prunkvollen Kurzlebigkeit der Herrschaft Elisas zeugt. Benvenuti hatte das Gemälde in der 2. Hälfte des Jahres 1813 vollendet. Ende des Jahres wurde es nachweislich in den großherzöglichen Sammlungen aufgenommen und in einem der Säle des Palazzo Pitti ausgestellt.[55]

Im Herbst 1813 fand die österreichische Invasion in Italien statt und die ersten französischen Funktionäre hatten Florenz bereits verlassen. Der Fall des Regimes ging sehr schnell von statten. Im Januar 1814 verhandelte Elisa unter dem Einfluss ihres Schwagers, Joachim Murat, mit den Engländern um ihren Thron. Vergeblich – Elisa musste Florenz am 1. Februar 1814 verlassen. Den Thron von Lucca gab sie nur einen Monat später ebenfalls auf.[56]

## 5. Antonio Canovas Polyhymnia: ein Auftragswerk von Elisa Bonaparte Baciocchi

Elisa Bonaparte Baciocchi ist nicht alleiniger Gegenstand der Aufmerksamkeit in Benvenutis Gemälde: sie teilt sich das Rampenlicht gleichberechtigt mit Antonio Canova, welcher in der rechten Bildhälfte selbstbewusst die Marmorbüste der Souveränin präsentiert, die er in ihrem Auftrag ausgeführt hat. Sie steht pointiert auf einer Holzsäule und spielt eine nicht geringe Rolle im Hinblick auf die Kooperation zwischen dem Bildhauer und seiner Auftraggeberin (Abb. 11).

Elisa Baciocchi wollte sich von Canova nach dem Vorbild der Sitzstatue ihrer Mutter, Letizia Ramolino Bonaparte (Ajaccio 1750 – Rom 1836), welche sich in den Jahren 1804-07 von ihm in der Gestalt einer römischen Matrone hatte darstellen lassen, als „Concordia", als altrömische Göttin der Einheit, porträtieren lassen. Wann sie dieses Projekt bei dem Bildhauer in Auftrag gab, ist ungewiss. Fernando Mazzocca vermutet in seinem Aufsatz "La ricomparsa di „Polimnia": Creazione e vicende di un capolavoro di Antonio Canova" aus dem Jahre 1992, dass es 1810 von der Großherzogin von Toskana angefordert wurde, als der Künstler in Florenz weilte, um die Installation des „Alfieri"-Monumentes in der Kirche Santa Croce zu beaufsichtigen.[57] Dieses Grabmal war von der Gräfin Louise Maximiliane Caroline d'Albany (Gedern 1752 – Florenz 1824) bei Canova, wahrscheinlich auf den Ratschlag ihres intimen Freundes, dem Maler François-Xavier Fabre hin, in Auftrag gegeben worden. Es wurde am 7. September 1810 in einem feierlichen Rahmen in Santa Croce aufgestellt.

Nach Aussage von Paul Marmottan in „Les Arts en Toscane sous Napoléon" war es bereits ein Jahr zuvor zu einem ersten Treffen zwischen dem Bildhauer und Elisa Baciocchi gekommen. Seinen Ausführungen ist zu entnehmen, dass am 3. Oktober 1809 in Florenz an der Akademie der Schönen Künste eine Preisverleihung an junge Künstler, Maler, Bildhauer, Architekten, Zeichner und Kupferstecher in Anwesenheit der Großherzogin, ihres Gemahls Felix Baciocchi und ihrer Tochter, Napoleone-Elisa stattfand.[58] Canova, so der Autor weiter, hielt sich zu diesem Zeitpunkt zwecks der Errichtung des Grabmals des Alfieri in der Stadt auf und nutzte die Gelegenheit diesen Feierlichkeiten anonym beizuwohnen. Nachdem die Fürstin ihren Platz eingenommen hatte, erfuhr sie von der überraschenden Anwesenheit des berühmten Bildhauers im Saal, der sich bescheiden im Hintergrund aufhielt. Elisa soll daraufhin zum Erstaunen Aller von ihrem Thron herabgestiegen und durch die anwesende Menschenmenge zum "prince de la sculpture" (Marmottan) gegangen sein, um ihn zu bitten, den Platz an ihrer Seite einzunehmen. Spontan erhoben sich alle im Saal Anwesenden und begannen zu applaudieren. Im Verlauf der Veranstaltung erhielten die Preisträger ihre Auszeichnung aus den Händen der Prinzessin Napoleone. Die Verleihung endete damit, dass die Großherzogin, umgeben von ihrem Gefolge, sich die prämierten Werke ansah und sich die Preisträger vorstellen ließ.[59] Sie unterhielt sich eine Weile mit verschiedenen Künstlern, stattete der Zeichenschule einen kurzen Besuch ab, um anschließend in die Werkstatt von Benvenuti hinüberzugehen, welcher soeben ein Porträt von ihr ausführte. Die Festlichkeiten nahmen ihr Ende mit einem feierlichen Diner im Palazzo Pitti, zudem Elisa Canova, weitere Honoratioren und die prämierten jungen Künstler einlud. Dort, so Marmottan, fand eine angemessene Hommage bezüglich der Person Canovas statt.[60]

Noch während der Bildhauer sich in Florenz aufhielt, erhielt er von Napoleon den Auftrag, seine zweite Gemahlin, Marie Louise von Österreich (Wien 1791 – Parma 1847), zu porträtieren. Der

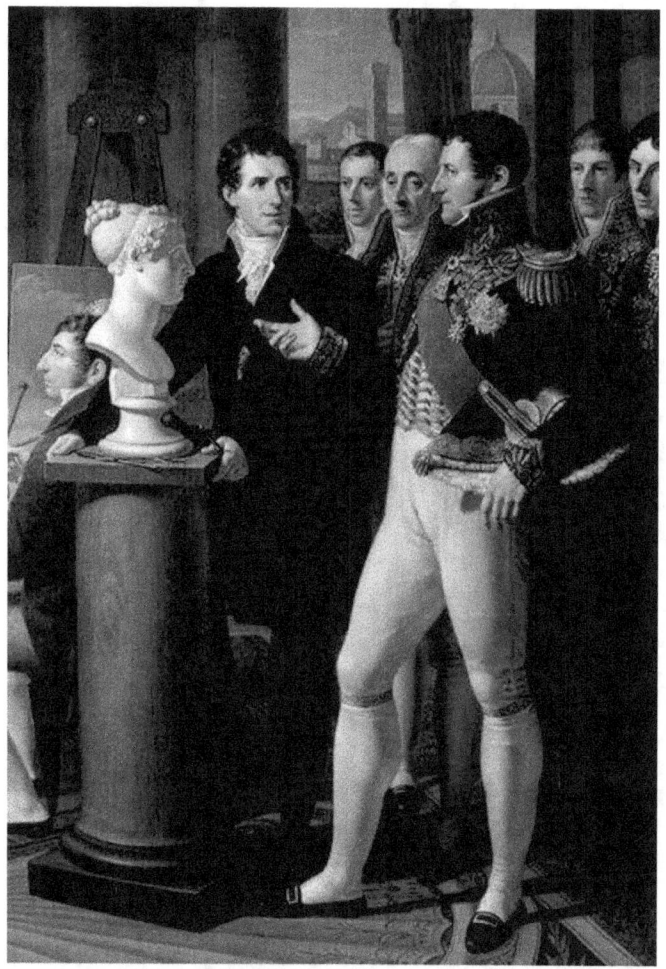

Abb. 11 Pietro Benvenuti, Elisa unter den Künstlern von Florenz (Detail), 1813, Öl/Lw., Versailles, Musée national des Château de Versailles et de Trianon (Foto: RMN — Grand Palais)

Bildhauer entschloss sich daraufhin im Oktober 1810 nach Paris zu reisen, wo man wohl unter seiner Anleitung zu der Auffassung gelangte, dass die Eigenschaften der Personifikation der „Concordia", welche Elisa für sich gewünscht hatte, mehr auf die französische Kaiserin zutrafen, so dass Elisa auf Geheiß ihres Bruders diese Allegorie an die bedeutendere Schwägerin abzutreten hatte.[61] Da Elisa sich dennoch von Canova dargestellt sehen wollte, soll sie ihn gebeten haben, als er 1812 die „Venus Italica" nach Florenz begleitete, sie als Muse „Polyhymnia" (Abb. 12) zu porträtieren.

Polyhymnia oder Polymnia (griechisch Πολυύμνια oder Πολύμνια, *die Hymnenreiche*) ist eine der neun Musen. Die Musen (griech. *Mousai*; lat. *Musae*)[62] sind nach Homer (*Homer, Il. 2, 491f.*) Töchter des Zeus und der Mnemosyne (lat. „memoria"), nach anderen Quellen (*Diodor 4, 7, 2*) werden sie als Töchter des Uranos und der Ge bezeichnet.[63] Die Wirkungsbereiche und Attribute bzw. Erkennungszeichen der Musen etablierten sich in spätrömischer Zeit[64], wobei Attribute und Wirkungsbereiche nicht immer gleich bleibend sind. Auch die Literatur ist bezüglich dieser Angaben widersprüchlich. Die Musen gelten allgemein als Beschützerinnen allen Geistigen. Ihre bezeugten Kulte trifft man vor allem im Zusammenhang mit Stätten des geistigen Lebens an. Schulen, Gymnasien und Zirkel von Philosophen sowie Theater unterstellten sich dem Schutz der Musen und ließen ihnen Statuen errichten.[65] Polyhymnia ist in ihrem Wirkungsfeld häufig nicht von ihren Schwestern abzugrenzen. Sie gilt als Muse des Wortes, der Rede, auch der Beredsamkeit und der Pantomime, außerdem als Muse des Tanzes; als „Hymnenreiche" wird sie als Muse des Lyraspiels und zuweilen der Musik überhaupt angesehen. Als Muse der Pantomime und der Rhetorik hat sie ihren linken Arm im Gestus der Rede erhoben. Diese Geste ist auch ein Ausdruck für Nachdenklichkeit und Ernsthaftigkeit. Der quer über den Körper und die Schulter drapierte Mantel, den sie über einem Ärmelchiton trägt, ist als Hinweis auf die antike Tracht der Rhetoren, die Toga, zu sehen. Sie wird meist ohne Attribute, manchmal mit Buchrolle, dargestellt und gilt zudem auch als Muse der Agrikultur.

Aufgrund des eingangs beschriebenen großen kulturellen Engagements der Großherzogin von Toskana darf angenommen werden, dass daraus ihr Wunsch resultierte, sich als „Polyhymnia" von Canova porträtieren zu lassen. In ihrer Rolle als Schutzherrin der Künste gewährt sie den Künstlern ihre Protektion und will im Gegenzug dafür Inspiration und Muse für sie und für die florentinische Kunst sein.

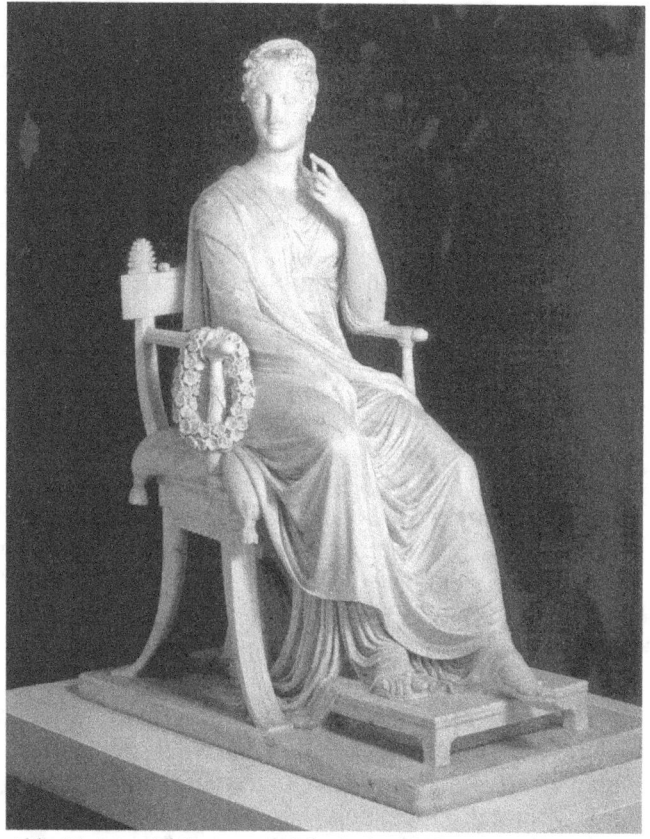

Abb. 12 Antonio Canova, Polyhymnia, 1812-17, Marmor, Wien, Hofburg, Schauräume (Foto: Archiv der Autorin)

Das Museum von Possagno (Gipsoteca) besitzt den Originalgips der Büste von 1812 (Abb. 13), welcher von Canova in Florenz wohl im Hinblick auf die auszuführende Marmorstatue nach der Natur modelliert worden ist. Das Original der Büste in Marmor gilt heutzutage als vermisst.[66] Elisa ließ jedoch zahlreiche Kopien von dieser Büste in ihren carrarischen Ateliers ausführen. Ein vorzügliches Exemplar befindet sich im Museum von Versailles (Abb, 14). Es wird dort in unmittelbarer Nähe zu dem Gemälde „Elisa unter den Künstlern von Florenz" von Pietro Benvenuti präsentiert, da es an die Ausführung der Marmorbüste durch Canova 1812 erinnert[67] und es gibt damit möglicherweise sogar das verschollene Marmororiginal wieder.

In einem Brief vom 21. Februar 1813 an Antoine Chrysostôme Quatremère de Quincy (Paris 1755 – Paris 1849) bestätigte Canova der „Polyhymnia" die Züge von Elisa zu geben.[68] „Ich führe das Modell der Großherzogin sitzend nach der Natur in Art und Weise aber völlig verschieden von Madame Letizia aus."[69] Der Originalgips zur Statue galt im Februar 1813 als vollendet (Abb. 15).[70] Der Marmor selbst war allerdings 1816 noch nicht fertig gestellt. Elisa Baciocchi hatte bereits vorab von einer Lieferung ihrer Statue Abstand genommen, da sie sich nach dem Sturz Napoleons zunächst in finanziellen Schwierigkeiten befand.[71]

In einem zeitgenössischen Bericht von Quatremère de Quincy ist zu entnehmen, dass Canova in Voraussicht auf denkbare Änderungen der politischen Umstände bereits ein allgemeines Porträt von Elisa eingeplant hatte. Er vermutete im Weiteren, dass der Bildhauer von Anbeginn beabsichtigte, die Statue als ein ideales Kunstwerk – als „Polyhymnia", als welche sie gemeinhin bekannt ist, – zu erschaffen. Denn Canova soll sie, so Quatremère, für eine außergewöhnlich lange Zeit – in Erwartung kommender Ereignisse – in *modello*-Form belassen haben. Der französische Gelehrte gab jedoch auch zu, dass er den wahren Grund nicht zu nennen vermochte, warum Canova Elisas Auftrag so zögerlich anging oder warum er das Werk soweit wie möglich ohne die die Großherzogin charakterisierenden Merkmale anlegte.[72]

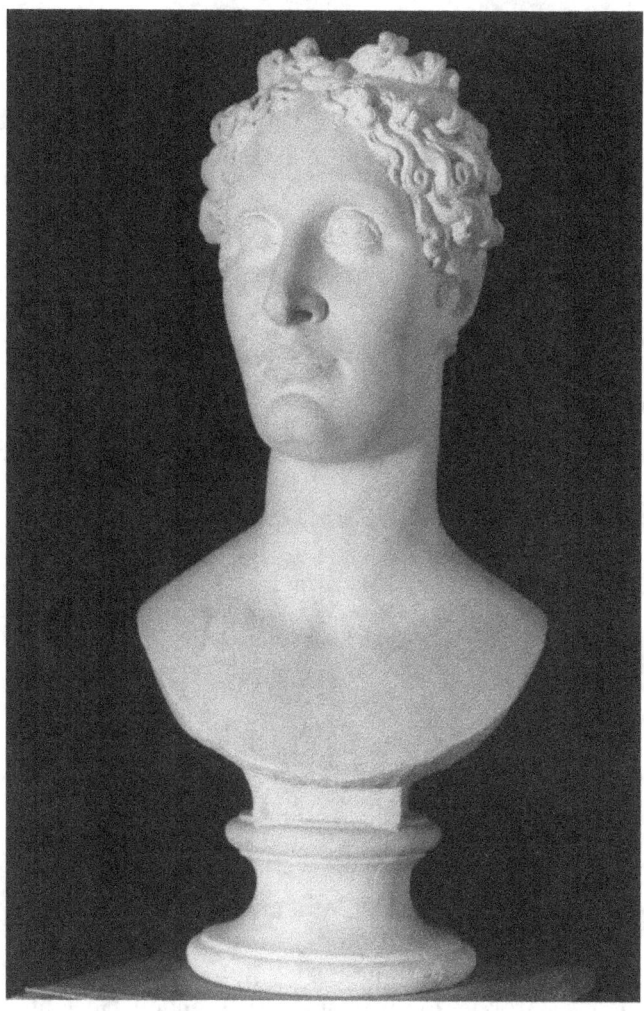

Abb. 13 Antonio Canova, Elisa Bonaparte, 1812, Originalgipsbüste, Possagno, Gipsoteca Canoviana (Foto: Archiv der Autorin)

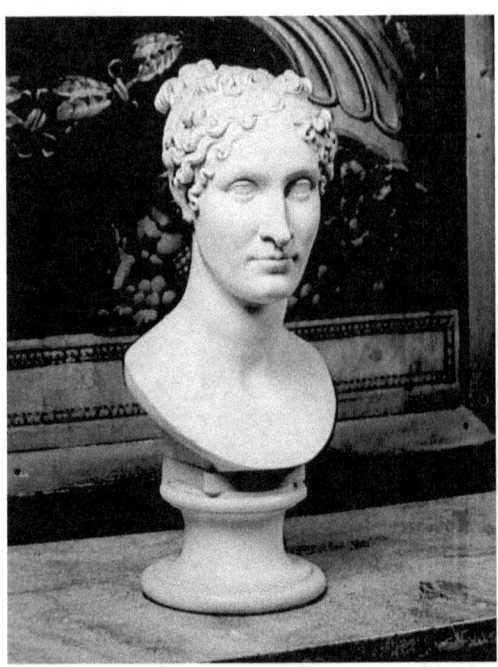

Abb. 14 Antonio Canova (nach), Elisa Bonaparte Baciocchi, Großherzogin von Toskana, 1. H. 19. Jh., Marmor, Versailles, Château de Versailles et de Trianon (Foto: RMN-Grand Palais (Château de Versailles) Franck Raux)

Ein Vergleich zwischen der nach der Natur angefertigten Büste Elisas (Abb. 17) und dem Kopf des Originalgipsmodells (Abb. 16) bestätigt Quatremère de Quincys Aussage, dass Canova die Fürstin weitgehend ohne die sie charakterisierenden Merkmale dargestellt hat. Statt der zeitgenössischen Frisur des Porträts zeigt das Gipsmodell eine idealisierte Haartracht. Der Originalgips der „Polyhymnia" weist die für die Großherzogin charakterisierenden Gesichtszüge im Vergleich mit der nach der Natur entstandenen Porträtbüste Elisas nicht mehr auf. Canovas bekannte Abneigung, für die Familie Bonaparte zu arbeiten, und seine Hoffnungen auf zukünftige Änderungen der politischen Umstände schienen ihn offensichtlich dazu bewogen zu haben, das Originalgipsmodell der „Polyhymnia" weitgehend ohne die die Großherzogin charakterisierenden Merkmale auszuführen.

Nach dem Originalgips wurde schließlich in den Jahren 1812 bis 1817 der Marmor (Abb. 18) ausgeführt. Die von Elisa bei Canova in Auftrag gegebene Statue befindet sich heute in den ehemaligen kaiserlichen Gemächern der Hofburg in Wien.

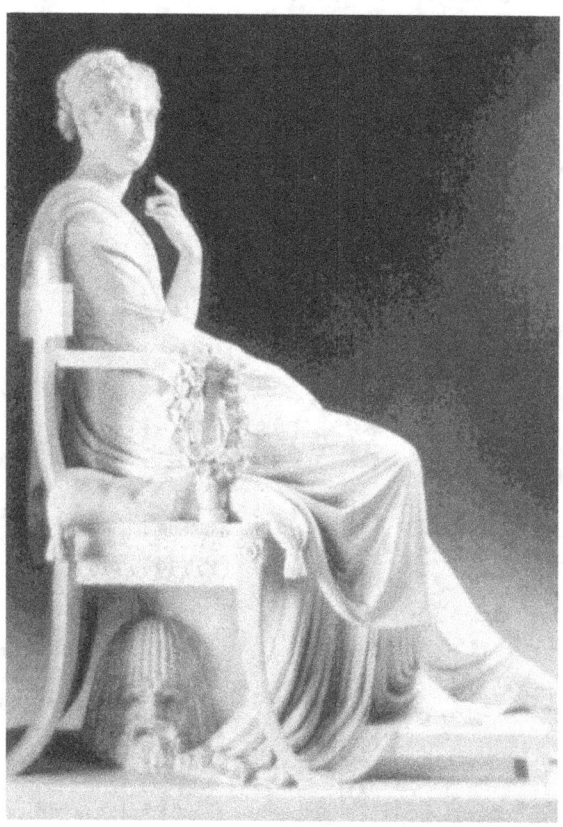

Abb. 15 Antonio Canova, Polyhymnia, 1813, Originalgips, Possagno, Gipsoteca Canoviana (Foto aus: Bassi, Elena: Canova, Rom 1943.)

Auch von den idealisierten Zügen der Muse fertigte Canova mehrere Büsten an. So bot er 1814 der Gräfin d'Albany eine Büste der Muse „Polyhymnia" (Abb. 19) an, die sie ihrerseits dem Maler François-Xavier Fabre vererbte. Dieser gab sie in das Museum von Montpellier, das heute seinen Namen trägt.[73]

## 6. Elisa Bonaparte Baciocchi und die Marmorbrüche von Carrara

Die Präsenz von Marmor im Gemälde „Elisa unter den Künstlern von Florenz" von Benvenuti – in der Büste der Fürstin wie in der monumentalen Statue Napoleons als römischer Gesetzgeber, welche das Zentrum des Bildes beherrscht – ist als deutlicher Verweis darauf, dass die Großherzogin von Toskana

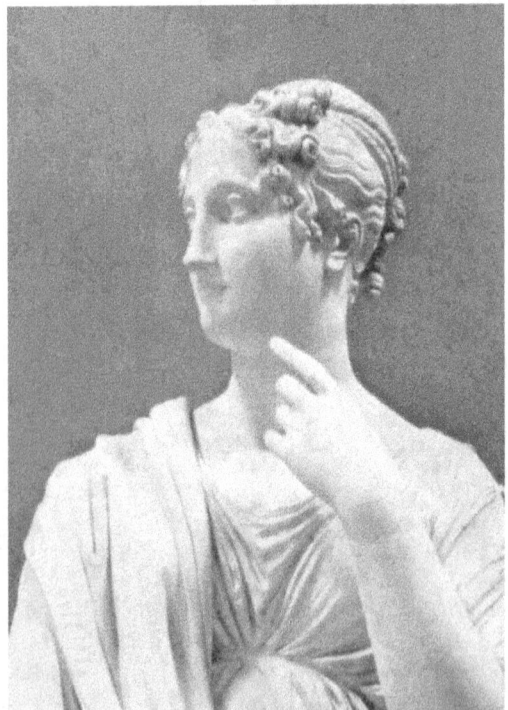

Abb. 16 Antonio Canova, Polyhymnia (Detail), 1813, Originalgips, Possagno, Gipsoteca Canoviana (Foto aus: Bassi, Elena: Canova, Rom 1943.)

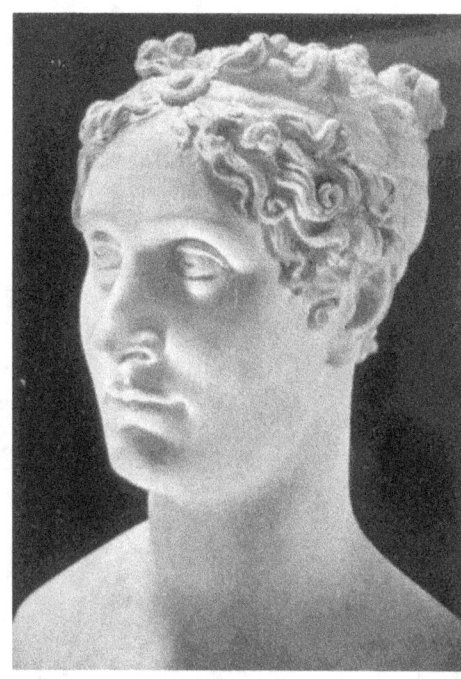

Abb. 17 Antonio Canova, Elisa Bonaparte, 1812, Originalgipsbüste, Possagno, Gipsoteca Canoviana (Foto aus: Bassi, Elena: Canova, Rom 1943.)

mit der Übereignung der Stadt Carrara durch Bonaparte, nun den größten europäischen Anbieter von weißem Marmor darstellte und somit größter Produzent von bildhauerischen Arbeiten in Europa war.

Wenn es einen Aufgabenbereich gab, auf dem Elisa ihre administrativen Fähigkeiten ausleben konnte, dann auf dem der Marmorbrüche von Carrara. Per kaiserliches Dekret vom 30. März 1806 wurden die Gebiete von Massa und Carrara ihrem Fürstentum Lucca einverleibt, und damit erhielt sie eine Region die bereits zur Römerzeit höchsten Bekanntheitsgrad besaß. In der Renaissance hatten die Aktivitäten der Päpste und der Medici den Ruhm weitergeführt. Während des 18. Jahrhunderts stagnierte Carrara trotz verschiedener Förderungsmaßnahmen der jeweiligen Regierung. Mangels Aufträgen mussten viele Bewohner, darunter viele Bildhauer, Handwerker und Arbeiter die Region verlassen, da es für sie hier keinen Broterwerb mehr gab. Carrara war um 1802 praktisch in die Bedeutungslosigkeit verschwunden. Erst durch die französische Eroberung des Gebietes, rückte es wieder in das Blickfeld der Öffentlichkeit aufgrund seiner Bodenschätze. Unter der Herrschaft Bonapartes musste Carrara, wie auch

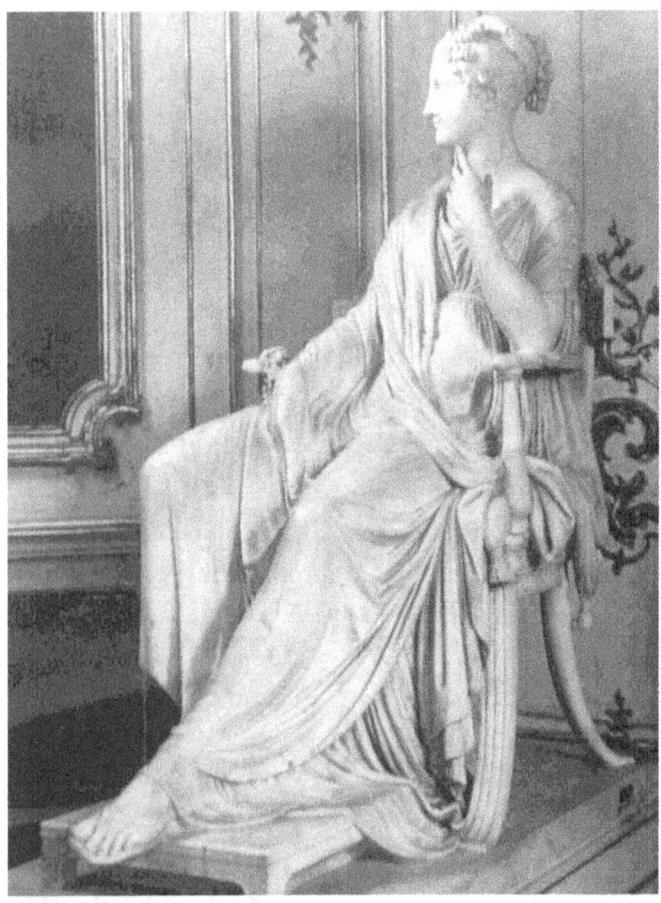

Abb. 18 Antonio Canova, Polyhymnia, 1812-17, Marmor, Wien, Hofburg, Schauräume (Foto aus: Johns, Christopher M. S., Antonio Canova and the Politics of Patronage in Revolutionary and Napoleonic Europe, Fig. 62)

die anderen italienischen Städte hohe Steuern zahlen.[74] Massa-Carrara wurde 1796 unter dem Druck der französischen Besatzer verpflichtet 180.000 Livres zu zahlen. Der Region gelang es jedoch nur

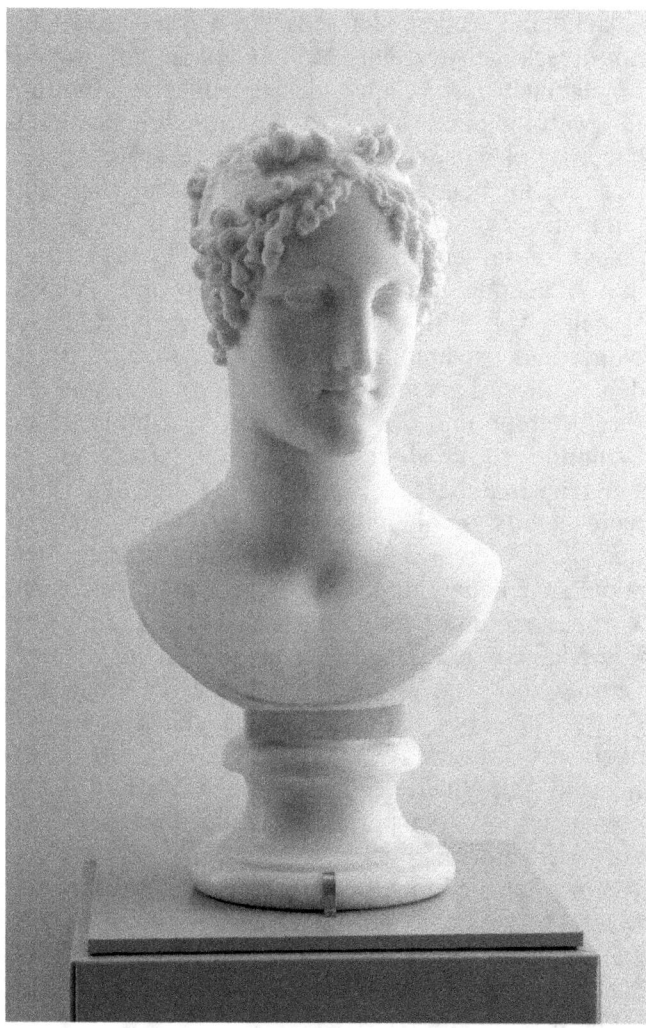

Abb. 19. Antonio Canova, Kopf der Polyhymnia, ca. 1814, Marmor, Montpellier, Musée Fabre (Foto: Archiv der Autorin)

20.000 Livres vor allem aus dem Verkauf von Kirchengütern (Geld und Gold) aufzubringen. Die französische Regierung akzeptierte jedoch, dass die restliche Summe von 160.000 Livres in Form von Marmorblöcken abgegolten werden konnte.[75]
Nachdem Elisa die Herrschaft über Massa und Carrara übertragen worden war, begann sie mit großem Engagement ein bedeutendes italienisches Zentrum für Marmor einzurichten, das Skulpturen und bildhauerische Arbeiten europa- bzw. weltweit lieferte. Bestrebt ihr neues Territorium kennenzulernen, unternahm sie eine Inspektionsreise dorthin.[76]
Nach dieser ersten Fahrt etablierte Elisa offiziell die Akademie der Schönen Künste im Palazzo Ducale (Abb. 20), der zu diesem Zweck umgebaut wurde und ernannte Bartolomeo Cenami zum Präsidenten der Akademie. Sie installierte dort Ateliers für Skulptur und Zeichnung und konstituierte die Sammlungen für Modelle und Gipsabgüsse.[77]
Eugéne Beauharnais (Paris 1780 - München 1824) hatte bereits zuvor, nachdem er Vizekönig von Italien geworden war, Anordnungen getroffen, der Akademie neue Impulse zu geben, indem er einen Wettbewerb unter den Künstlern initiierte. Aber erst den Maßnahmen Elisas war es zu verdanken, dass Carrara zu neuer wirtschaftlicher Bedeutung aufstieg.[78] Dazu beschäftigte Elisa in den Marmorbrüchen von Carrara Arbeiter, welche mit fortschrittlichsten Mitteln die feinen, weißen Marmorblöcke abbauten und transportierten. Zum Transport und zur Verschiffung der Blöcke zum Strand von Avenza ließ sie eine direkte Straße von Carrara nach Massa bauen. Mit dem Verkauf religiöser Gegenstände aus der Konfiszierung von Kirchen und Klöstern wurde die Finanzierung zur Konjunkturbelebung in Gang gesetzt.[79]
Eine der großartigsten Initiativen in diesem Zusammenhang war allerdings die Einrichtung der Bank Èlisienne. In diese Bank investierte die Prinzessin

300.000 Francs, um ihren Start sicherzustellen. Ihre Funktion wurde in einem Dekret vom 2. Mai 1807 festgehalten: "Angesichts dessen das der Marmor und die daraus hervorgehenden Statuen das fruchtbarste Kapital für den Wohlstand des Landes bilden, ist es notwendig, dass der Fremde (Auswärtige d.V.) einen Tribut an die Bildhauer leistet, dazu wird eine Bank in Carrara etabliert, welche die Zahlungen an alle Eigentümer, an alle Arbeiter und an alle Bildhauer vornimmt; von diesen Abgaben werden auch die Lehrmeister für Zeichnung, Bildhauerei und Architektur unterhalten; zudem werden Fonds für sechs große Preise eingerichtet, die jedes

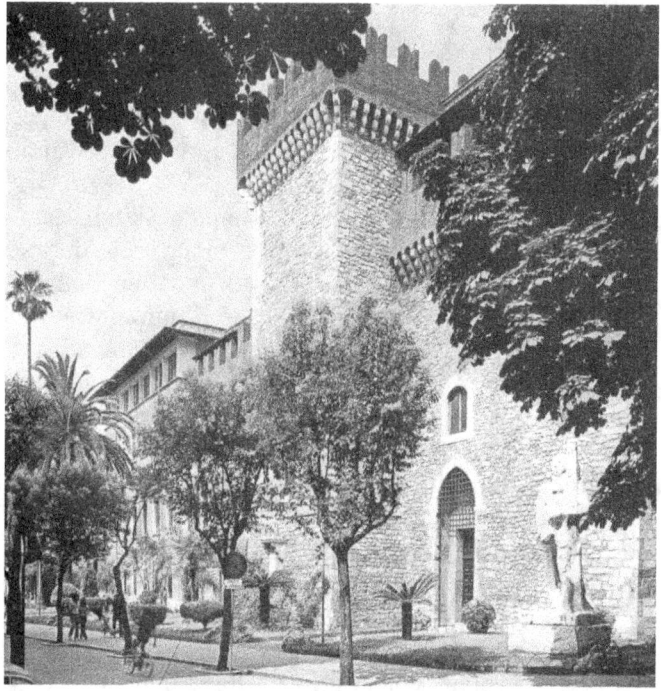

Abb. 20 Accademia di Belle Arti, Carrara. Foto aus: Mannoni, Luciana: Marmor: Material und Kultur. München 1980, S. 208, Abb. 304

Jahr an die besten Künstler verliehen werden sollen. (…). Zugunsten der Bank wird ein Ausfuhrzoll für den wertvollen Marmor eingeführt, der durch das Ausland bezahlt werden soll; (…) etc." Vorrangigste Aufgabe der Bank war es, Steuern auf den wertvollen Marmor zu erheben, um auf diese Weise die speziellen Arbeitsplätze zu finanzieren: die Unterstützung der Kunstschulen, die Verordnung der Kosten für die Akademie, die Vorauszahlungen für die Steinbrecher, die Instandsetzung der Wege des Marmors, der auf Karren transportiert, die von mehreren Rinderpaaren gezogen wurden (Abb. 21).[80]

Anfangs hatte man sich ein starkes Interesse durch die lokal ansässigen Kaufleute erhofft, aber mangels ausreichender Reaktionen ihrerseits wurde das finanzielle Schicksal der Bank in die Hände von Jean-Gabriel Eynard (Lyon 1775 - Genf 1863) und dessen Geschäftspartnern gelegt und die Direktion in jenen von Hector Sonolet. Diese beiden Franzosen waren Elisa Baciocchi sehr zugetan.

Eine erste Amtshandlung der Bank bestand darin, einen Katalog herauszugeben, mit einer Liste der zu verkaufenden Werke, ihrer Preise und den Namen der ausführenden Künstler. Dieser Katalog war für diverse Handelshäuser in Europa, Amerika und der Türkei bestimmt sowie für die königlichen und fürstlichen Höfe. Alle Kommunen wurden angehalten, Napoleons Büste zu erwerben.[81]

Sonolet, den die Prinzessin besonders schätzte, definierte gewissenhaft die Verordnungen der Akademie, unterzeichnete Verträge mit den Steinbrechern und verwaltete die bedeutendsten Aufträge, wie beispielsweise die großen Statuen des Kaisers. Ab diesem Zeitpunkt wurde Carrara, durch den kontrollierten Abbau von Marmor, durch Künstler von großem Renommee sowie durch qualifizierte Handwerker zum großen Zentrum europäischer Skulptur. Neben Statuen und Statuetten wies der Katalog eine Vielzahl weiterer Objekte auf: Schornsteine, Stelen,

Vasen, Bänke, Tafeln, Badewannen, Becken, Begräbnismonumente, architektonische Elemente (Kapitelle, Säulen, Baluster usw.). Mit Elisa wurde Carrara zum Lieferanten von Marmorblöcken und -platten sowie vielfältiger Kunstwerke, die von ihren Produzenten in höchster Vorzüglichkeit vor Ort geschaffen wurden.

Hervorragende Professoren lehrten an der Akademie. Nur einen geeigneten Direktor für die Akademie zu finden, stellte sich als schwierig heraus, da Carrara kein Gesellschaftsleben bot. Sonolet wollte auch keinen lokalen Bildhauer für dieses Amt, da er die Eifersucht der bereits ortsansässigen Künstler untereinander nicht schüren wollte. Schließlich einigte man sich auf Lorenzo Bartolini (Vaiano 1777-Florenz 1850), welcher in das Amt einwilligte. Bartolini hatte seine Ausbildung zum Bildhauer in Pa-

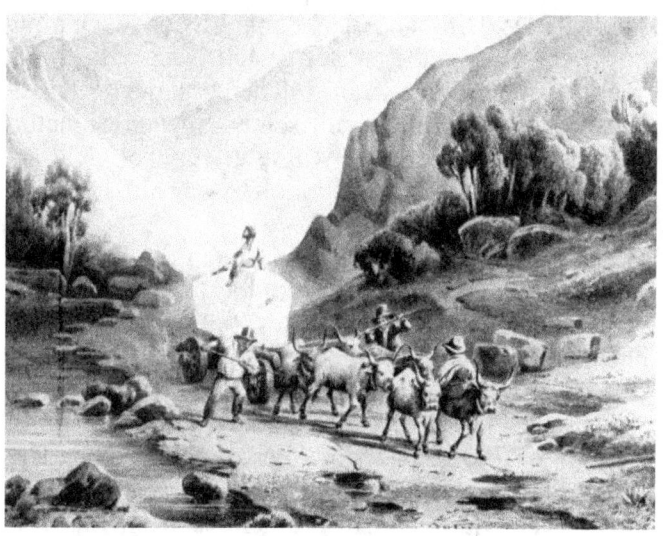

Abb. 21 Unbekannt, Gemälde, 1. H. 19. Jh. Aus: Mannoni, Luciana: Marmor: Material und Kultur. München 1980, S. 102, Abb. 152.

ris vollzogen, er war ein Schüler von François-Frédéric Lemot (Lyon 1772 - Paris 1827) und er war befreundet mit David. Unter anderem schuf er ein Relief für die Vendôme-Säule und eine kolossale Büste von Napoleon. Nach seiner Ankunft in Carrara realisierte er ein repräsentatives Werk von Napoleon, stehend und gekrönt, bestimmt für Livorno.[82] Zu seinen Werken gehört auch eine Statue, die Elisa mit ihrer Tochter Napoleone (Abb. 22) zeigt. Bartolini schuf zahlreiche Büsten der kaiserlichen Familie. Er arbeitete im Geist einer äußerst realistischen Einfachheit, ohne sich allzu sehr an die Kriterien, welche für die klassizistische Kunst in dieser Zeit verpflichtend waren, d.h. sich an den Regeln des "schönen Ideals" zu halten. Während seiner Zeit in Carrara bildete er über 200 ortsansässige und auch mehrere auswärtige Künstler aus. Mit Sonolet war sein Verhältnis zuweilen angespannt. Der Aufmerksamkeit des Direktors der Bank Élisienne entging nur wenig. So hatte er festgestellt, dass Bartolini Werke seiner Schüler, "an welchen er keinen Meißel angelegt hatte" (Vidal), mit seiner eigenen Signatur versehen hatte und diese wollte er für viel Geld an die Prinzessin verkaufen. Sonolet war entrüstet über diese Unverschämtheit.[83]

In den offiziellen Ateliers arbeiteten die Bildhauer vor allem an mythologischen Sujets. Auf diese Weise versuchten sie die Kunst des Zeitalters der Griechen und Römer wiederzubeleben. Venus, Apollo, Minerva, die Drei Grazien oder die Musen waren bevorzugte Themen. Eine andere Produktionsreihe stellten Bildnisse von Persönlichkeiten dar. Dank der Politik Elisas wurde Carrara durch den Abbau von Marmor zum größten Zentrum Europas und darüber hinaus der gesamten Welt.[84] Alle berühmten Bildhauer der Epoche bezogen von hier ihren Marmor, wie Canova, die Franzosen Joseph Chinard (Lyon 1756 - Lyon 1813) und Chaudet, der Däne Bertel Thorvaldsen (Kopenhagen 1770 - Kopenhagen 1844) und viele andere mehr.[85] Die Produktion wurde bis aufs Äußerste angekurbelt.

Die Inbetriebnahme der Marmorbrüche war weniger aus der Liebe zu den schönen Künsten geschehen, sondern Elisa hoffte, großen Profit daraus zu erzielen. Dank ihres ehrgeizigen Unterfangens konnten auch alsbald gute Resultate erzielt werden. Die ersten entnommenen Blöcke wurden dazu benutzt, um Hunderte von Büsten des Kaisers anzufertigen. Die ganze kaiserliche Familie sollte in Marmor verewigt werden. Elisa schrieb an den Kaiser: „... die Modelle von Chaudet und Canova vermehren sich unter meinen Augen, um den Königen, die Eure Majestät gemacht hat, und um an die Völker, die Ihnen ihr Glück verdanken, übermittelt zu werden." Für die Zeit, wenn die Büsten der kaiserlichen Familie ausgeschöpft sein würden, behielt die Prinzessin sich vor, diejenigen der Marschälle arbeiten zu lassen, und schließlich würde man „Objekte von Nützlichkeit zu spottbilligen Preisen" anfertigen.[86]

Die Auswirkungen, die unter der Herrschaft von Elisa in Massa und Carrara eingeleitet wurden, sind bis heute gegenwärtig. Die Bank Èlisienne musste allerdings 1811 wieder geschlossen werden und somit auch mehrere der Staatswerkstätten. Die auf die Ausfuhr von Marmor erhobenen Steuern waren so hoch, dass viele ausländische Importeure nicht bereit waren, diese zu bezahlen.[87]

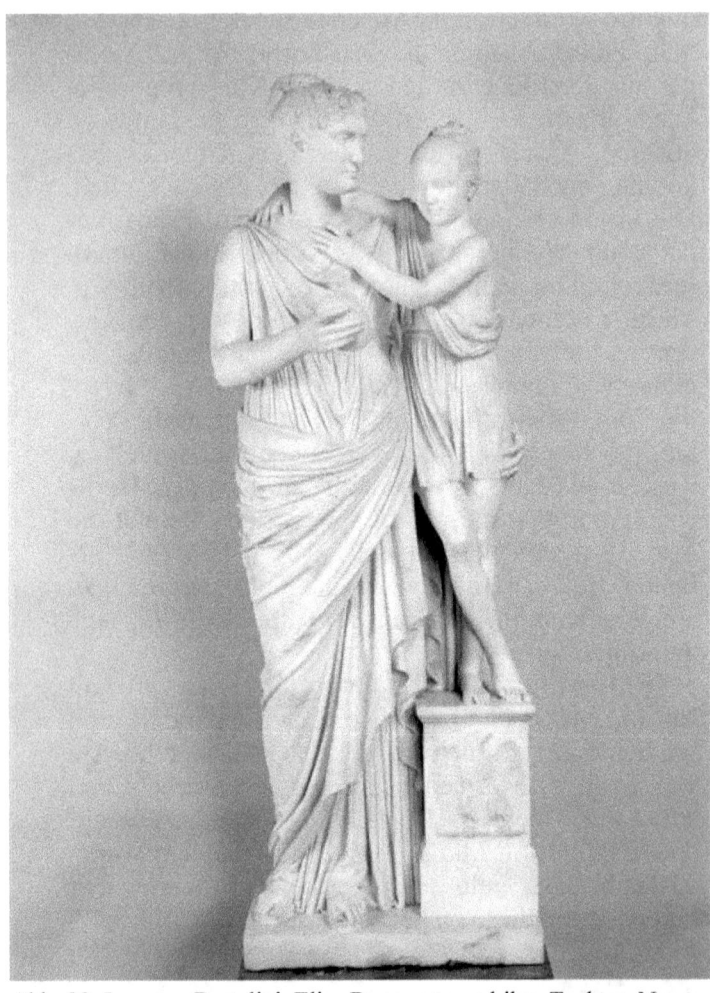

Abb. 22. Lorenzo Bartolini, Elisa Bonaparte und ihre Tochter Napoleone, 1813, Marmor, Paris, Château de Fontainebleau (Foto: RMN—Grand Palais (Château de Fontainebleau) Gérard Blot)

## 7. Anmerkungen

*1. Kapitel: Biographie Elisa Bonaparte Baciocchi*

[1] Turquan, Joseph M.: Die Schwestern Napleons. Elisa und Pauline Borghese. Nach Aeußerungen ihrer Zeitgenossen. Uebertragen und bearbeitet von Oskar Marschall von Bieberstein. Leipzig 1896, S. 15f. und S. 30.

[2] Goodrich, Frank B.: At the Court of Napoleon, 1856; J. B. Lippincott & Co. Philadelphia, 1875. Reprint from the Napoleonic Society of America journal. Ohne Seitenangabe.

[3] Turquan, S. 68f.

[4] Goodrich, ohne Seitenangabe.

[5] Ebd.

[6] Ebd.

[7] Ebd.

[8] Bordes, Philippe: Les Peintres Fabre et Benvenuti et la cour d'Elisa Bonaparte. In: Actes du Colloque Florence et la France Rapports sous la Révolution et l'Empire. Florence 1977, S. 188.

[9] Ebd.

[10] Ebd., S. 187.

[11] Weiner, Margery: Die „Parvenue" Prinzessinnen. Elisa, Pauline und Caroline Bonaparte, die Schwestern Napoleons. München 1967, S. 115.

[12] Ebd.

[13] Goodrich, ohne Seitenangabe.

[14] Turquan, S. 54ff.: Da sie die Rolle in ihrem südfranzösischen Dialekt sprach – den sie nie abgelegt hatte – und in Verbindung mit ihrem anmaßenden Wesen, wurde die Aufführung zu einem unbeabsichtigten Lacherfolg. Napoleon äußerte sich dazu: „Das, scheint mir, war eine nicht üble Parodie auf die Alzire." Elisa ärgerte sich über diese Bemerkung, „fuhr aber dennoch fort, in Tragödien aufzutreten und nebenher die Gelehrte zu spielen" (S. 56).

[15] Goodrich, ohne Seitenangabe.

[16] Turquan, S. 100.

[17] Weiner, S. 228.

[18] Goodrich, ohne Seitenangabe.

*2. Kapitel: Elisa unter den Künstlern von Florenz von Pietro Benvenuti von 1813*

[19] Marmottan, Paul: Les Arts en toscane sous Napoleon: La Princesse Élisa. Paris 1904, S. 174.

[20] Ebd., S. 175.

[21] Bordes, S. 193.

[22] Ebd., S. 189.

[23] Marmatton, S. 175.

[24] Ebd., S. 177.

[25] Ebd., S. 176.

[26] Ebd., S. 175.

[27] Ebd.

[28] Bordes, S. 190. Die Benennung ist anzuzweifeln, da Tommaso Puccini bereits 1811 verstorben ist. Das Gemälde wurde von Benvenuti 1813 vollendet.

[29] Marmottan, S. 176.

[30] Ebd. Siehe auch Bordes, S. 199. Bordes: „Morghen erhielt diesen Auftrag für diesen Kupferstich in Paris im Juni 1812; er kehrte im September zurück, um David die Arbeit zu unterbreiten, welcher sie jedoch nicht genau genug empfand."

[31] Ebd., S. 177. Siehe auch Bordes, S. 194.

[32] Bordes, S. 193.

[33] Ebd., S. 220.

[34] Vidal, Florence: Élisa Bonaparte. Sœur de Napoléon Ier. Paris 2005, S. 194.

## 3. Bildfindung

[35] Bordes, S. 188.

[36] Ebd., S. 189.

[37] Ebd., S. 190.

[38] Marmottan, S. 178. Siehe auch Bordes, S. 202.

## 4. Vorbilder in der Kunstgeschichte

[39] Bordes, S. 202.

[40] Cleugh, James: Die Medici. Macht und Glanz einer europäischen Familie. New York 1975, Augsburg 1996, S. 121.

[41] Ebd., S. 207. Siehe Abbildungsbeschreibung.

[42] Ebd.

[43] Vidal, S. 194.

[44] Cleugh, S. 201.

[45] Bordes, S. 187.

[46] Ebd.

[47] Ebd., S. 202.

[48] Ebd., S. 203.

[49] Ebd.

[50] Ebd., S. 187.

[51] Ebd., S. 203.

[52] Ebd.

[53] Ebd., S. 193.

[54] Ebd., S. 200.

[55] Ebd., S. 201.

[56] Ebd., S. 201f.

5. *Antonio Canovas Polyhymnia: eine Auftragswerk von Elisa Bonaparte Baciocchi*

[57] Mazzocca, Fernando: La ricomparsa di „Polimnia": Creazione e vicende di un capolavoro di Antonio Canova. Per Giuseppe Mazzariol. In: Quaderni di Venezia Arti, 1, Venedig 1992, S. 172.

[58] Marmottan, S. 67.

[59] Ebd., S. 69.

[60] Ebd., S. 70.

[61] La Gipsoteca di Possagno. Sculture e dipinti di Antonio Canova. Eingef. v. Elena Bassi. Venedig 1957, S. 206.

[62] Lücke, Hans-K. und Susanne: Antike Mythologie. Ein Handbuch. Der Mythos und seine Überlieferung in Literatur und bildender Kunst. Hamburg 1999, S. 555.

[63] Ebd.

[64] Ebd., S. 562: Roscher gibt folgenden Überblick: Klio = Geschichte (Schriftrolle); Kalliope = heroischer Gesang (Diptychon oder Schriftrolle); Polyhymnia = Panto-mime (attributlos; tief in den Mantel gehüllt); Euterpe (Flöten); Terpichore = kleinere Lyrik (Lyra); Erato = größere Lyrik (Kithara); Melpomene = Tragödie (tragische Maske); Thalia = Komödie (komische Maske); Urania = Astronomie (Globus). Auch Blumen- und Laubkränze sind Attribute der Musen.

[65] Hunger, Herbert: Lexikon der griechischen und römischen Mythologie. 8. Erweiterte Auflage. Wien 1988, S. 329.

[66] Boyer, Ferdinand: Autour de Canova et de Napoléon. In: Revue des Études italiennes, II, Paris 1937, S. 224 (Anm. 1). – Schneider, René: L'art de Canova et la France inpériale. In: Revue des Études napoléoniennes, 1, Paris 1912 (repro. Genf), S. 155.

[67] Bordes, S. 188.

[68] Hubert, Gérard: La sculpture dans l'Italie Napoléonienne. Ouvrage publié avec le concours du centre national de la recherche scientifique. Paris 1964, S. 155.

[69] Boyer, 1937, S. 224.
[70] La Gipsoteca di Possagno, S. 206.
[71] Ebd., S. 206. – Mazzocca, S. 172.
[72] Johns, Christopher M. S.: Antonio Canova and the Politics of Patronage in Revolutionary and Napoleonic Europe. Berkeley/Los Angeles/London 1998, S. 118.
[73] Hubert, S. 155.

*6. Elisa Bonaparte Baciocchi und die Marmorbrüche von Carrara*

[74] Vidal, S. 129.
[75] Marmotton, S. 19.
[76] Vidal, S. 129
[77] Ebd., S. 130.
[78] Ebd., S. 129.
[79] Ebd., S. 130.
[80] Ebd.
[81] Ebd., S. 130 f.
[82] Ebd., S. 131.
[83] Ebd., S. 132.
[84] Ebd.
[85] Ebd., S. 133.
[86] Rodocanachi, E.: Élisa Napoléon (Baciocchi) en Italie. Paris 1900, S. 57.
[87] Vidal, S. 133.

## 8. Literatur

Bordes, Philippe: Les Peintres Fabre et Benvenuti et la cour d'Elisa Bonaparte. In: Actes du Colloque Florence et la France Rapports sous la Révolution et l'Empire. Florence 1977.

Boyer, Ferdinand: Autour de Canova et de Napoléon. In:Revue des Études italiennes, II, Paris 1937, S. 224 (Anm. 1). – Schneider, René: L'art de Canova et la France inpériale. In: Revue des Études napoléoniennes, 1, Paris 1912 (repro. Genf).

Cleugh, James: Die Medici. Macht und Glanz einer europäischen Familie. New York 1975, Augsburg 1996.

Goodrich, Frank B.: At the Court of Napoleon, 1856; J. B. Lippincott & Co. Philadelphia, 1875. Reprint from the Napoleonic Society of America journal.

Hubert, Gérard: La sculpture dans l'Italie Napoléonienne. Ouvrage publié avec le concours du centre national de la recherche scientifique. Paris 1964.

Hunger, Herbert: Lexikon der griechischen und römischen Mythologie. 8. Erweiterte Auflage. Wien 1988.

Johns, Christopher M. S.: Antonio Canova and the Politics of Patronage in Revolutionary and Napoleonic Europe. Berkeley/Los Angeles/London 1998.

La Gipsoteca di Possagno. Sculture e dipinti di Antonio Canova. Eingef. v. Elena Bassi. Venedig 1957.

Lücke, Hans-K. und Susanne: Antike Mythologie. Ein Handbuch. Der Mythos und seine Überlieferung in Literatur und bildender Kunst. Hamburg 1999.

Marmottan, Paul: Les Arts en toscane sous Napoleon: La Princesse Élisa. Paris 1904.

Mazzocca, Fernando: La ricomparsa di „Polimnia": Creazione e vicende di un capolavoro di Antonio Canova. Per Giuseppe Mazzariol. In: Quaderni di Venezia Arti, 1, Venedig 1992.

Rodocanachi, E.: Élisa Napoléon (Baciocchi) en Italie. Paris 1900.

Turquan, Joseph M.: Die Schwestern Napleons. Elisa und Pauline Borghese. Nach Aeußerungen ihrer Zeitgenossen. Uebertragen und bearbeitet von Oskar Marschall von Bieberstein. Leipzig 1896.

Vidal, Florence: Élisa Bonaparte. Sœur de Napoléon Ier. Paris 2005.

Weiner, Margery: Die „Parvenue" Prinzessinnen. Elisa, Pauline und Caroline Bonaparte, die Schwestern Napoleons. München 1967.

## 9. Abbildungsverzeichnis

Abb. 1 Pietro Benvenuti, Elisa Bonaparte, Großherzogin von Toskana mit Tochter Napoleone-Elisa, 1809, Öl/Lw, Fontainebleau, Musée National du Château Fontainebleau

Abb. 2 Pietro Benvenuti, Elisa unter den Künstlern von Florenz, 1813, Öl/Lw, Versailles, Musée national du Château de Versailles

Abb. 3 Antoine-Denis Chaudet, Napoleon als römischer Gesetzgeber, 1804, Marmor, Compiégne, Musée national du Château de Compiégne

Abb. 4 Pietro Benvenuti, Elisa unter den Künstlern von Florenz (Detail), 1813, Öl/Lw, Versailles, Musée national du Château de Versailles

Abb. 5 Ottavio Vannini, Lorenzo de'Medici umgeben von Künstlern, Michelangelos „Faun" bewundernd, 1635, Fresko, Florenz, Palazzo Pitti, Museo degli Argenti

Abb. 6 Antoine-Jean Gros, Napoleon besucht den Salon des Louvre und verleiht das Kreuz der Ehrenlegion an die Künstler am 22. Oktober 1808, ca. 1808, Öl/Lw, Versailles, Musèe national des Château de Versailles et Trianon

Abb. 7 Louis Léopold Boilly, Zusammenkunft von Künstlern im Atelier von Isabey, 1798, Öl/Lw, Paris, Musée du Louvre

Abb. 8 Louis Léopold Boilly, Houdon in seinem Studio, n. 1803, Öl/Lw, Cherbourg, Collection Musée d'Art Thomas Henry

Abb. 9 Francois Guillaume Menageot, Mariage du prince Eugéne de Beauharnais et la princesse Amélie de Bavière á Munich, 1808, Öl/Lw., Versailles, Musée national des Château de Versailles et de Trianon

Abb. 10 Jean-Baptiste Regnault, Mariage du prince Jérôme Bonaparte et de la princesse Frédérique Catharine de Wurtemberg, 1810, Öl/Lw., Versailles, Musée national des Château de Versailles et de Trianon

Abb. 11 Pietro Benvenuti, Elisa unter den Künstlern von Florenz (Detail), 1813, Öl/Lw., Versailles, Musée national des Château de Versailles et de Trianon

Abb. 12 Antonio Canova, Polyhymnia, 1812-17, Marmor, Wien, Hofburg, Schauräume

Abb. 13 Antonio Canova, Elisa Bonaparte, 1812, Originalgipsbüste, Possagno, Gipsoteca Canoviana

Abb. 14 Antonio Canova (nach), Elisa Bonaparte Baciocchi, Großherzogin von Toskana, 1. H. 19. Jh., Marmor, Versailles, Château de Versailles et de Trianon

Abb. 15 Antonio Canova, Polyhymnia, 1813, Originalgips, Possagno, Gipsoteca Canoviana

Abb. 16 Antonio Canova, Polyhymnia (Detail), 1813, Originalgips, Possagno, Gipsoteca Canoviana

Abb. 17 Antonio Canova, Elisa Bonaparte, 1812, Originalgipsbüste, Possagno, Gipsoteca Canoviana

Abb. 18 Antonio Canova, Polyhymnia, 1812-17, Marmor, Wien, Hofburg, Schauräume

Abb. 19. Antonio Canova, Kopf der Polyhymnia, ca. 1814, Marmor, Montpellier, Musée Fabre

Abb. 20 Accademia di Belle Arti, Carrara. Aus: Mannoni, Luciana: Marmor: Material und Kultur. München 1980, S. 208, Abb. 304

Abb. 21 Unbekannt, Gemälde, 1. H. 19. Jh. Aus: Mannoni, Luciana: Marmor: Material und Kultur. München 1980, S. 102, Abb. 152.

Abb. 22. Lorenzo Bartolini, Elisa Bonaparte und ihre Tochter Napoleone, 1813, Marmor, Paris, Château de Fontainebleau

www.ingramcontent.com/pod-product-compliance
Lightning Source LLC
Chambersburg PA
CBHW050023230526
45470CB00003B/1096